JN099222

なまけものが
得をする

ワンコイン
つみたて投資術

ファイナンシャル・プランナー
山口京子

ダイヤモンド社

はじめに

こんにちは。なまけものファイナンシャル・プランナー山口京子です。ファイナンシャル・プランナーなのに、なまけものなんて困ったものです。

テレビに出たり、お客様にお金のアドバイスをしたりする時は、働きバチのようにてきぱき動きますが、自分のこととなるとつい後まわしで、急になまけものになります。どのくらいなまけものかというと、毎月投資しているお金を12年間放置していたくらいなまけものです。

運用のお知らせの、封も開けていませんでした。お客様には、「ちゃんと、お金の管理をしましょうね」なんて言っているのに！　お恥ずかしい。

でも実は、「なまけものも悪くない」と思っていました。というより、なまけものの方がいいのです。12年間めんどうだから見なかったわが家のお金は、**1000万円増えて2400万円になっていました**。もし、リーマンショックなどの暴落の時にこわくなって売っていたら、こんなにお金は増えなかったでしょう。なまけものバンザーイ！

この本のタイトルを見て手にとってくださったあなたも、おそらくわたしと同じなまけものさんではないでしょうか？

この本は、なまけものさんたちが、ワンコインからお金を増やすための本です。

・どうしてなまけものの方がお金が増えるのか
・絶対に誰でもできるドキドキしない投資法とは

　この2つを、誰よりも簡単に、じっくりお伝えします。

　なまけものがワンコインから始める投資の本ですから、売ったり買ったり、ドキドキハラハラする投資が好きな人、勉強熱心な人、大金持ちの人にはまったく向きません。

　これから投資デビューをしたいけど、何をしていいかわからない人。すでに投資をしているけどこれでいい？　と思っている人。500円玉貯金をするみたいに、ワンコインだったら投資をしてもいいな、と思っている人にはピッタリです。

　「なまけものなんだからさ、投資なんかしないで、貯金でいいんじゃないの？」と思うかもしれません。でも、投資だから12年で1000万円増えましたが、金利0.001％の貯金なら増えたのはわずか800円程度でした。800円と1000万円、どっちがいいでしょう？

　「なまけものなんだからさ、宝くじで増やせばいいんじゃない？」と思う人もいるでしょう。年末ジャンボ宝くじで一等が当たる確率は、2000万人に1人です！　ということは？　東京都と埼玉県に住んでいる全ての人の中から、神様に「おめでとう、あなたです！」と、たった1人選んでもらうのと同じです。みなさん、町内で1人くらいのつもりで買っていると思うのですが、お金がほぼ確実に10分の1になっちゃいます。

　ふしぎですね。買ったらほぼ確実に10分の1になる投資があったと

したら、絶対に！　やらないでしょ？　でも、宝くじは喜んでわざわざ並んで買います。じゃあ、投資で「ほぼ確実に1か月後に10分の1になります」というものは、何だろうか？　考えてみたんですね。

　ないです。

　投資の世界では、1か月後にほぼ確実に10分の1になるか、2000万分の1の確率で7億円になるというのは、ハイリスクの投機（ギャンブル）に分類されます。

　100年に一度の大暴落と言われ大騒ぎになったリーマンショックでは、日本株もじわじわ毎日下がり続けましたが、10分の1にはならず、下落率はおよそ4割でした。その後、じわじわと回復しているところが、一発でゲームオーバーとなる宝くじと違うところです。

　こう考えると、「リスクがこわいから投資なんかしない」と言って、宝くじ売り場に並ぶ人たちの方が、リスクを取っていることがわかります。ハイリスキーじいちゃんや、ハイリスキーばあちゃん、ハイリスキー兄さんや、ハイリスキー姉さんだったわけですね。

　今や人生100年時代。60歳の還暦から100歳までは、おぎゃ～と生まれた赤ちゃんが40歳になるのと同じだけの時間があります。40年って、長いですね。平成2年は、定期預金の金利が8％台でしたので、赤ちゃんが生まれた時にもらったお祝いを預けておいたら、子どもが中学に入る前に2倍になっていました。

　ところが、今の定期預金の金利は、0.01％ですので2倍になるのは…

子どもが、7200歳になったころです。

　なんじゃそれ。化石になったころに2倍って。どうりで増えないはずです。

　昭和時代や、平成初期と同じ感覚でいたとしたら、ちょっとまずいのです。にもかかわらず、日本では学校でお金について学ぶ機会はありません。お金の教育といえば、親から子に受け継がれた「節約すればお金は増える」といった、金銭感覚だけが全てです。

　この先、同じお給料をもらっていたとしても、貯金だけしているご家庭と、投資しているご家庭とでは、自分の老後、子どもの代まで差がつきます。

　なんか、なまけものが熱く語っておりますが、スマートフォンの中身や、アプリのプログラミングの仕方を知らなくても、誰でもスマホが使えるように、投資も1から10まで全部勉強してから始めなくても大丈夫です。

　さあ、全国のなまけもの仲間のみなさん！

　気になっていた、投資デビューをする時が来ました。

　今や、お家にいながらにして、ワンコインで投資デビューができるすごくいい時代です。

　知らないのはもったいないので、なまけものを代表して安心してできる方法をお伝えしますね。

　ゆるゆると、読み進めてくださいませ。

なまけものさんの投資デビューうけおい人
ファイナンシャル・プランナー　山口京子

第3章

〈初級編〉ワンコインで まずは海外旅行を目指せ

095

第4章

〈上級編〉ワンコインから始めて 2000万円に増やす方法

117

第5章

〈Q&A〉それでもまだ「投資はこわい」あなたへ

177

第1章

ワンコインから
投資ができる
時代になりました！

1

スマホがあれば
自宅で全ての
手続き完了！

　なまけものも思わず身を乗り出したくなるような、ワクワクする時代がやってきました。FinTech（フィンテック）という、何やらかっちょいい、金融とテクノロジーを合体させたサービスがどんどん出てきて、今まで考えられなかったサービスが、お金の世界でめじろ押しなのです。

　なまけもののわたしが、一番感動した、いやショックを受けたのは、今までファイナンシャル・プランナーが手間ひまかけて資料を作り、お客様に提案していたお金を増やすアドバイスが、いとも簡単にスマホから出てくるようになったことです。それも、3分くらいで！　さらに、**スマホが教えてくれた通りに投資すれば、お金が増えていく**のです。

　ムムム、おそるべし FinTech ！

なまけもの仲間のみなさんにお伝えします。

もうお金を増やすのに、時間をかける必要や、大金を貯めてから投資デビューする必要はありません。

■今までは
・投資はしっかり勉強してから
・投資はお金持ちがやるもの
・投資は100万円くらいないとできない
・投資はなくなってもいいお金でやるもの

■今は
・わからない言葉はクリックすれば出てくる
・お金を貯めるように投資ができる
・100円から投資ができる
・将来に向けて長期で増やしていく

お金を増やす方法は、株式投資、不動産投資、先物取引、仮想通貨、FX、金などいろんな方法があります。この本で取り上げるのは、なまけものさんがなまけながら、将来のためにお金を増やす方法です。

ではさっそく、ワンコイン（500円）で投資できるものにどんなサービスがあるか、いくつか見てみましょう。

《ワンコイン（500円）で投資できるもの》
■ LINE スマート投資のワンコイン投資

商品は1つで迷わない。LINE上で毎週ワンコインから世界に分
散投資できる。

■ 松井証券

毎日、毎週、毎月、100円から世界に分散投資できる。ロボアド
バイザー「投信工房」で、自分にあった商品を選べる。

■ SBI 証券

毎日、毎週、毎月、100円から世界に分散投資できる。「かんた
ん積立アプリ」で、自分にあった商品を選べる。

■ ソニー銀行

毎日、毎週、毎月、ワンコインから12通貨のつみたてができる。

■ 日興フロッギー

株がワンコインから金額指定で買える。

　投資というと、お金持ちが札束で株を買って、大もうけ、もしく
は大損をする！　イメージがあるかもしれませんが、今は株以外に
もいろんな金融商品があり、少額でも世界中に投資をすることがで
きます。投資をするには100万円くらいいると思っている人がま
だまだ多いのですが、ごらんの通りワンコインあれば十分です。
　わざわざ窓口に並んで説明を聞いて紙の書類にたくさんサインし
て、ハンコを押して…なんてめんどうな作業もいりません。

　スマホで名前や住所を入力して、本人確認書類をシャリンと撮って、それをアップロードすれば完了です！

■今までは
・平日の昼間に金融機関に出かける
・窓口の札を取る
・雑誌を読んで待つ
・窓口で番号が呼ばれる
・説明を聞いて紙の書類に記入
・押印
・本人確認書類のコピーを取られる
・後からネットで使うIDと仮パスワードが送られる
・ログインして投資を始めようと思うけどどれを買うか迷う

　申し込み当日だけでも3時間、投資デビューまでに1か月近くかかります。「よし、今度こそお金を増やすぞ！」と思って口座開設しても、パスワードが届くころには忙しくてつい後回しになる人、何百人も見てきました。そんな理由で投資デビューができない人の多いこと、多いこと！

■今は
・暇な時間にお家で申し込み
・印鑑はいらない
・スマホで本人確認書類を撮影し、アップロード
・完了
・投資開始
・毎月自動で投資

最短、翌営業日からすぐに投資が始められます。「よし、やるぞ！」が冷めないうちにワンコイン程度から始められるので、投資のハードルがめちゃくちゃ低くなっているというわけです。これをやらないなんて、もったいないと思いませんか？

　ところが、投資を始めるにはまだ大きな壁があります。

・どれを買うか
・いつ買うか

　仮に、がんばって口座開設をしたとしても、この2つの壁がまた高い…。「どれを買ったらいいの？」「いつ買おうか？」。これで悩んで始められない人もとても多いのです。勉強熱心な人は、たくさんの投資本を買ったり、いろんなセミナーに出たり、金融機関の窓口で相談したりするので問題ありません。でも、わたしと同じなまけもの仲間はそうはいきません。たくさんの投資本も読まないし、セミナーなんかあることも知らないし、金融機関の窓口はハードルが高すぎます。

　でも、ご安心ください。悩まなくていい商品選びができる時代がきました。

②

知識なしでOK
ロボアドで
おまかせ運用

さあ、ここからが感動の嵐です。もう「何を買ったらいいかわからない」という理由で、投資をあきらめなくていいのです。FP（ファイナンシャル・プランナー）いらずのロボアドバイザーが誕生したからです。

ロボアドバイザー、通称「ロボアド」。

金融機関のホームページで、**お客様の年齢、年収、投資に対する考えなどを2分程度でたくみに聞き出し、一発で「これを買ったらいいよ！」と資産配分、おすすめ商品まで教えてくれます。**さらに、毎月これくらいつみたてたら、30年後にはこれくらいになりますよ、と占い師よりも正確にシミュレーションした数字を出してくれます。

わ〜、もうかないません〜。

投資デビューはこれで十分です。

このロボアドちゃん、以下の会社のサイトにいます。

《ロボットアドバイザーがいるサイト》

・みずほ銀行

・三井住友銀行

・松井証券

・SBI 証券

・au カブコム証券

・三菱 UFJ 国際投信

・WealthNavi（ウェルスナビ）

・THEO（テオ）

・FOLIO（フォリオ）　　　　　　etc...

　ウェルスナビ、テオ、フォリオは、その人にあった資産配分を選んでその資産の購入や運用まで自動でやってくれます。全部おまかせで、世界中に投資できます。分かりやすいですね。

■ THEO（テオ）

■三菱UFJ国際投信

三菱UFJ国際投信は、銀行や証券会社、労働金庫（ろうきん）などで買えるその人にあったぴったりのバランス型ファンドを1つ教えてくれます。商品は、三菱UFJ国際投信の投資信託になりますが、これもわかりやすい。

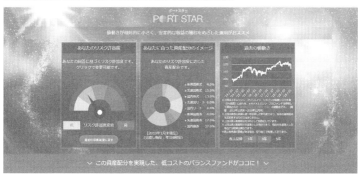

■松井証券

■ SBI 証券

　松井証券、SBI 証券などは、資産配分とその配分にぴったりの投資信託をいくらずつ買えばいいか教えてくれます。たくさん商品が出てきますが、買う時はワンクリックで買えますので手間なしです。

3

LINE スマート投資の
ワンコイン投資は
超初心者向け

　では手始めに、超初心者向け投資を見てみましょう。

　日本人ならほぼ誰でも使っている、月間利用者8200万人のコミュニケーションアプリ「LINE」。あの「LINE」で、なまけものにぴったりの投資ができます。その名も「ワンコイン投資」です。

　LINE の「ウォレット」タブの中にある「スマート投資」をクリックすると、1万円台から株に投資できる「テーマ投資」と、「ワンコイン投資」が出てきます。ワンコイン投資は、文字通り毎週500円からつみたて投資ができるサービスで、**「何に投資をするか」を初心者が悩まなくてもいいように、商品はたった1つ。値動きが少ない世界中の資産に分散投資できるおまかせ商品だけです**。金額を決めると、毎週世界中の資産に分散投資できる金融商品を自動で買ってくれます。

　おまかせ商品の中身は、値動きが激しい株の割合が少なく、値動きが少ない債券の割合が多いのが特徴です。

　2019年の10月から、オリジナル公式キャラクターフレンチブル
ドッグの「バフェ君」と、ちょっと出しゃばりで欲張りな豚型ロボッ
トの「PIG君」が登場し、投資がぐっと身近になり楽しくなりまし
た。投資というと、老後に向けての資産形成というずっと先の目
標のために、「やっとかなきゃな〜」と重い腰を上げるものですが、
この LINE スマート投資のワンコイン投資は、キャラクターの2人
が「もっと楽しんで〜」「もっと身近な目標でいいんだよ〜」と言
わんばかりに投資に寄り添ってくれます。

　ワンコイン投資をクリックすると、最初に何のために投資をする
のか、自分の目標を設定できます。目標は、ハワイ旅行でも、ごほ
うびのバッグを買うための資金でもOK！　ああ、お金って本当に
「貯めるためでなく使うためにある」のね！　ということを思い出
させてくれます。

　目標設定をしてワクワク感を持ったまま、すぐに口座開設できるというにくい演出！　毎週いくらつみたて投資するのかを決めるだけで、あとは全部おまかせです。わたしも目標を「ハワイ旅行」に設定しています。お金をつみたてる度に、ラジオ体操のスタンプみたいな積立スタンプが貯まり、どれくらいまで目標に近づいたかが一目でわかります。まさに貯金感覚。

　証券会社の堅苦しさはまったくありません。お友達と話をしていて、フレンチブルドッグの「バフェ君」を見せたら「かわいい〜！500円でできるの！　やるやる〜」とその場で始めた投資未経験者が何人もいます。

　LINE Pay の残高もしくは、LINE Pay に設定した銀行口座から毎週自動で投資額が入金されるので、本当に手間いらず。**目標額に到達するまで放置でもいい**のですが、キャラクターのバフェ君とPIG 君がかわいい動きをしてくれるので、よく会いに行っています。

なまけものメモ

**ワンコイン投資は
こわくない。
むしろ、かわいい♡**

お金すらいらない
ポイント投資

　投資は何やら楽しそうで、まとまったお金がなくてもデビューできそうだということは、なまけもののみなさんにもおわかりいただけたと思います。次は、お金すらなくていい！　という投資です。ますますいい時代になりました。長生きはしてみるもんです。

　お金でなければ、何で投資をするのかと言えば、お買い物をするたびにもらう「ポイント」です。ポイント投資には、2つの種類があります。1つはポイントが、株などの動きと同じように増えたり減ったりして、投資の疑似体験ができるもの。**ポイント運用**と呼ばれています。ポイントを運用してポイントで返ってくるサービスです。

　2つ目は、**ポイントが本物の株や投資信託になり、現金化できる夢のようなサービス**です。元手はポイントなので、自分のふところがさみしくなるわけでもなく、思い切って投資デビューできます。

しばらく使う予定のないポイントがあったら、ぜひポイント投資することをおすすめします。

■ポイント運用ができるもの
・セゾンカードの永久不滅ポイント
・ドコモ d ポイント
・楽天ポイント
・auWALLET ポイント

　よく考えたら、知らない間にわたしはこの中の 3 つをやっていました。始めてから見ていないので、すっかり忘れておりました。なんとなまけものでしょう！　その途中経過をお伝えします。
　セゾンカードの永久不滅ポイントは、6 つの投資信託と 3 つの株から投資先を選んで運用します。1 年半ほどアクティブコースで投資をしてみたら、15% ほど増えていました。株は、カルビー、日清食品、ホンダの 3 社から選べます。わたしは、ポテトチップスが好きなので、カルビーをぽちっとしました。
　d ポイントは、よくコンビニで小銭代わりに使うので、運用していたことを忘れていました。これも今初めて見ましたが、1 年 5 か月で 10% ほど増えていました。

　楽天ポイントは積極的に増やすアクティブコース。3ヵ月で5.4%、順調に増えています。

■ ポイント投資ができるもの
・Tポイント× SBI ネオモバイル証券
・楽天ポイント×楽天証券
・永久不滅ポイント× StockPoint（ストックポイント）

　お金を使わず、ポイントで株や投資信託を買うサービスを見てみましょう。

Ｔポイント×ＳＢＩネオモバイル証券の
サービスは、実家の母さんだ！

　日本初、Ｔポイントを使って株が買えるサービスです。証券会社で株を買う時は、たいがい100株が最低の単位になります。つまり、株価が1000円だとしても、最低購入価格は10万円になります。ところがネオモバイル証券、通称ネオモバなら、1株から株が買えるので、1000円で株主になれるというわけです。実際、なんと1株10円前後の銘柄もあり、**ワンコインで買える銘柄も500社くらいあります。**

　それだけでも「株ってワンコインで十分買えるんだ！　晴れてオレも株主か、おっほん」と口ひげでもたくわえたような気分になれますが、さらにネオモバさんは「お金を使わなくても、Ｔポイントで株が買えます」、という超初心者向け太っ腹精神！

　Ｔポイント1ポイントを1円に換算できるので、500ポイントもあれば、立派な株主になれます。口ひげ大喜び！　うれしいことに、配当がある銘柄なら、1株の株主さんであっても株数に応じた配当がもらえます。配当とは、株主がもらえるお金です。毎月決まった額で1つの銘柄をコツコツと買い増していくこともできるので、いつかは単元株（＝最低の単位）の株主となって、株主優待がある銘柄なら、優待を受けとることもできます。

　さらに、通常、株を買う時には手数料が毎回かかりますが、ネオモバは月額制で、取引額50万円までは220円で売買し放題。とても安いのです。これだけでおどろいていたら、株を買った翌月には

「株を買う時に使いなさいよ」と、こづかいでも渡すように、株を買う時に使える T ポイント 200 円分＋普通の T ポイントもくれるのです。ってあなた、実家のお母さんですか！　手数料の心配もいらず、ただ貯まっていた T ポイントで株をコツコツ買って、わらしべ長者を目指しましょう。

「あのー、わたし、もうちょっとお金があるのよ」という人は、ロボアドバイザーの最大手、ウェルスナビでの運用が、WealthNavi for ネオモバなら 1 万円ではじめられます（ウェルスナビでの投資はポイントは使えません）。質問に答えるだけで、あなたにぴったりの資産配分の商品が出てきますので、こちらもお試しください。

楽天ポイント×楽天証券は、
ポイントの輪廻転生だ！

「楽天市場」でのお買い物や、「楽天トラベル」の旅行で貯めた「楽天ポイント」で、株や投資信託が買えます。おすすめは投資信託のつみたてです。

　楽天証券は、毎月 100 円から投資信託のつみたて投資ができます。100 円ずつ、つみたて投資をしてもいいのですが、500 円以上ポイント投資をすると、楽天市場でお買い物をする時の「楽天ポイントアップ特典」の対象になります。

　500 円以上のポイント投資は、現金＋ポイントでもかまいません。499 円＋ 1 ポイントという設定もできます。499 円は、「楽天カード」を持っていたら迷わずクレジット決済を選びましょう。ここでもまた、100 円につき 1 ポイント貯まります。ポイントが楽天グループ

内をぐるぐる回って、最後は投資信託になってなまけものさんのお金を増やしてくれます。

永久不滅ポイント× StockPoint は現金いらずの錬金術師だ！

　StockPoint は、ポイントを株価に連動させて運用するアプリです。

　セゾンカード、UC カードの永久不滅ポイント 1 ポイントを、ストックポイント 4 ポイントと交換し、株や投資信託など 190 銘柄の中から、選んで運用します。株で運用して、1 株の価値になったら、SBI 証券か、みずほ証券で本物の株に変換して受け取ることができます。株に変換する時の手数料も、株価の 1% のポイントを払えばOK。株主になるのにお金はいりません。

　現金も口座開設もいらずいつのまにか株主になれる StockPoint のサービスは、国内特許をとっていて、永久不滅ポイント以外にも、ポイント交換サイトのドットマネー、クレジットカード会社ジャックスの STOCK POINT カード、エムアイカードのポイントでも利用できます。いつものポイントを運用して、本物の株主になる大チャンスです。

5

コツコツ貯めるなら
おつり投資

　もっとコツコツ派のなまけものさんには、おつり投資がぴったりです。買い物をするたびに受け取るおつりを、貯金箱に取っておいて毎月まとめて投資をするような仕組みです。実際はクレジットカードなどでお買い物をして、あらかじめ決めておいた単位との差額を「おつり」としてカウントし、月に一度まとめて銀行口座から引き落とし、そのお金で投資をします。

　あらかじめ決める単位は100円、500円、1000円の中から選べます。

　100円を選んだ場合、例えば2420円の買い物をしたら、100円単位との差額、80円がおつりとしてカウントされます。80円は「おつり投資」にカウントされるだけで、クレジットカードからは実際に買い物をした2420円しか引き落とされません。

500円単位にすると、全部500円玉で買い物をした時との差額がおつりになります。2420円なら、500円玉5枚との差額、80円がおつりとしてカウントされます。1000円単位にすると、1000円札3枚との差額、580円がおつりとしてカウントされます。

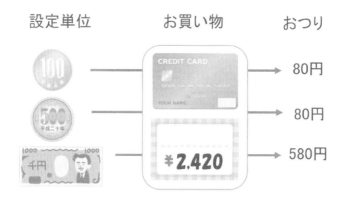

設定単位	お買い物	おつり

カウントしたおつりの合計が、月に一度まとめて銀行口座から引き落とされます。

　100円単位でも、500円単位でも、なまけものさんは気づかないと思います。一度設定してしまえば、あとは増えるのを待つばかりです。自分でも忘れてしまうくらいの金額を設定しておいて、つみたて投資をしましょう。あとはわたしみたいに、本当に忘れないように。

　では、おつりをどんなもので運用するのか、見てみましょう。

ドコモユーザーなら THEO＋ docomo

ドコモユーザーでdカードをお買い物に利用する人向きです。おつりを運用するのは、2つのノーベル経済学賞を受賞した理論で運用してくれるTHEO。ロボアドバイザーが、年齢や資産状況などから、一人一人にあった資産運用方針を決め運用します。最終的な投資先は世界の86の国と地域、1万1000銘柄以上にきめ細かく分散投資されます。**AIが毎日見張っていて、下落すると判断したら組み入れを変えたり、年齢によって、資産配分を決めたりするのも全て自動でやってくれます。**こんな頭のいいできるサービス、おつりだけではもったいない！　毎月のつみたて投資も1万円からできます。

わたしもドコモユーザーなので、おつりと毎月のつみたてを両方やっています。カード情報を入力する手間もなく、銀行口座の設定をするくらいで、すぐに始められるので便利です。わたしがぐーぐー寝ている間に、資産配分をこまめに直したり、税金のことまで考えてくれて、利益と損失を相殺（そうさい）してくれるなんてありがたい。そういえば、さっき見たら1万円も増えていてひとりでにんまりしました。

トラノコなら現金もポイントや マイルも投資できる

トラノコとは、「大トラ、中トラ、小トラ」というリスク高めから低めまでの3つの投資先から、1つを選んで投資するサービスです。投資先はいずれも幅広い分散投資を行なっています。おつりを投資にまわすか、その都度選ぶことも引き落とし前に変更すること

もできますし、決めておいた上限まででであれば自動的に投資するようにも設定できます。また nanaco のポイントと ANA のマイルでも投資ができます。

　トラノコは、現金で買い物をした時も、マネーフォワード、Moneytree、Zaim といった家計簿アプリにレシートをアップロードするだけで、そのおつり分も投資できます。ショート動画を見てポイントをコツコツ貯める機能もあり、まさにゲーム感覚で、買い物のおつりから、ポイントやマイルまで、チャンスを逃さず、少額で毎月投資ができます。

なまけものメモ

**ワンコインでも
気づかないうちに
お金が増える。**

6

始めたら
半分終わった
も同じ

　わたしみたいななまけものは、始めたら半分終わったも同じ！ というお金の増やし方が一番です。そのためには、最初に「いいね！」と思った物を、「いいね！」と思った時に始めることです。まじめななまけものさんの中には、いいえ、ちゃんと勉強して比較検討しなければ！　と思う人もいるかもしれません。

　例えば、ポイント運用をしようかな？　と思ったとします。

　『dポイントを運用しようとスマホで探すと、おまかせコースにはTHEOのファンドが2つ、テーマコースは、野村アセットマネジメントの日経平均に連動するETFと生活必需品やヘルスケアなどのテーマにあったブラックロックのETFが用意されています。』

？？？
なあにそれ？

　この時点で、投資初心者にとっては、日本語なのに宇宙人が話している言葉のように聞こえるはずです。

　高速道路の ETC とか ELT（エブリリトルシング）とか、お父さんは ELP（エマーソン、レイク＆パーマー）だったらわかるのに、ETF は謎です。野村さんの ETF がいいのか、ブラックロックとやらの ETF がいいのか？　やっぱり、アメリカンロックの香りのするブラックロックにしちゃおうか？　調べてみたら、ETF は上場している投資信託らしい。上場ってなんだ？　じゃあ、結局は投資信託と ETF って同じもの？？？

　頭の中がぐるぐるして、なまけものの限界を超えております。投資が嫌いになりそうです。

　でも、よく考えてください。ポイント運用は 100 ポイントからできます。1 ポイント 1 円ですから 100 円です。鼻歌でも歌いながらぽちっとして、何ら問題ありません。

　あ！　いいかも！　と思った物をぽちです。
　その後で、あ〜ブラックロックはバンドの名前じゃなくて運用会社なんだな、とか。ETF は指標や業種別のパッケージ商品みた

いなもので、アメリカにはマリファナの ETF があるんだなとか。S&P500 配当貴族指数の ETF って王様かよ！ とか、ツッコミを入れながら、のちのちわかってくればいいのです。なぜなら、

お金は投資を始めないと増えないからです。

最初は、**投資するものを選ばなくていいところで始める**と簡単にデビューできます。

《気軽に始めるならコレ》

■ LINE スマート投資のワンコイン投資

　商品が 1 つなので選ばなくていい。

■ THEO+ docomo の d カードおつり積立

　ロボアドバイザーの質問に答えるだけで、分散投資が全自動でできる。

■ トラノコのおつりで投資

　3 つのトラのファンドからよさそうなものを選ぶだけ。

この 3 つは、用語がわからなくても一度設定さえしておけば、あとは自動でお金が運用される仕組みなので、気づいたら海外旅行代金くらい貯まります。ワンコインやおつりは少額ですが、ちゃんと世界に分散投資されるところが FinTech のすごいところです。

放っておけば何かに消えてしまうワンコインを貯金箱に入れるように、ちゃりんちゃりんと増やすだけです。では、本当にそんなうまい具合にいくのか、大丈夫なのかを見てみましょう。

第2章

なぜ絶対に減らないのか？
その仕組みを理解しよう

① 投資がこわい その正体は？

　貯金だけでお金は増えないとわかっても、投資というと「こわいから、イヤ」という人が多いですね。投資が「こわい」の正体は、貯金と違って、「値動き」があることと「値下がり」です。

　では、みなさんがお店で買うお魚やお肉、野菜の値段は、毎日同じですか？　100円ショップのように、いつも同じではありませんよね。旬の野菜や果物、大量に魚がとれた時、値段は安くなります。

　一方、台風や長雨で、野菜が収穫できなかったり、漁に行っても魚が少ししかとれなかったりしたら、値段は高くなります。

　わたしたちは、値が動くものを毎日買っているのです。だから、値動きのある投資が特別というわけではないんですね。では、同じ鮮度のお魚やお肉が、この前買った時より3割引きになってたら「こ

わい〜！！」「いやだ〜」と思いますか？　むしろ、「安くてラッキー」ですね。なぜ投資だと「こわい〜」「いやだ〜」と思うのでしょう。

　デパートのバーゲンセールだったら、ひっぱりあいの取り合いをするかもしれません！
　でも、投資だとこわくて、見向きもしなくなりますよね。

　値動きについて、ちょっとクイズを出します。クイズなので、わかりやすくするためにワンコインではなく、1万円札を使いますが、実際はワンコインでできるのでご安心ください。

② 銀行員も答えられなかった投資の結果

なまけもののみなさん、まずはこちらをご覧ください。

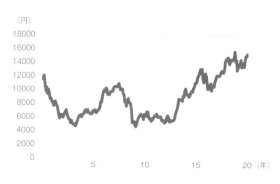

（円）
18000
16000
14000
12000
10000
8000
6000
4000
2000
0

5　　　10　　　15　　　20（年）

　激しい値動きのこの商品。20年間で17年くらいはずっと元本割れです！　20年間、毎月1万円ずつこの商品に投資したら、あなたの投資元本240万円はいくらになるでしょう？

ヒント

貯金ではありませんので、利息はつきません。

ちょっと難しいので、なまけもののみなさんのために3択にします。

1、200万円

2、300万円

3、460万円

正解は…

3、460万円です。

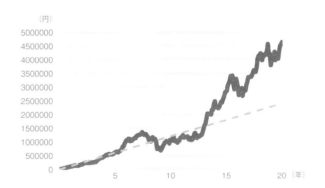

「え！　なんで2倍くらいになっているの？」

「17年も元本割れしてたのに？」

「サギじゃないの？」

なまけものさん、サギではありません。これは、日本を代表する企業の株の平均「日経平均」というやつの、2000年から2019年までのチャートです。

　金融機関にお勤めの人も、出版社にお勤めの人も、証券会社にシステムを提供している会社の人も、わからなかったこのクイズ。**毎月1万円買う**ところがミソです。

　毎月決まったお金を投資することを、「つみたて投資」と言います。この「つみたて投資」こそが、20世紀最大級の発見！　と、わたしは勝手に思ってるなまけものには最強の投資術です。
「つみたて投資」と聞いてもわからない人のために、説明します。

　積立定期預金って、わかりますか？

　銀行の普通預金から、定期預金に、毎月同じ金額を移して貯める仕組みです。これの投資バージョンだと思ってください。毎月投資するものを決めて、決まったお金を自動で投資します。「自動で」、というのは、銀行口座から自動で引き落としたり、クレジットカードの支払いにしたり、最初に証券会社にまとめてお金を預けて、そ

こから引き落としたりします。

今は、毎月ではなく、毎週、毎日つみたて投資できる証券会社もあります。おつり投資は、毎月決まった額ではありませんが、毎月買うのでつみたて投資の仲間です。

毎回買う「つみたて投資」に対し、一度に買うものを「一括投資」と言います。つみたて投資できる会社のほとんどが、一括投資もできます。ポイント運用も一度に買うので、一括投資です。

ではなぜ、「つみたて投資」だとお金が2倍になったのか、日本一かんたんに、りんごで説明します。

なまけものメモ

**つみたて投資は、
いいらしい。**

3

つみたて投資を
りんごで
説明します

　毎月1万円、おこづかいがあると思ってください。「そんなにも、おこづかいもらってないよ〜」という人も、あることにしておいてください。

¥10000

いいですか。1万円のおこづかいで、毎月りんごを買います。

 プレミアムりんごですの
よろしくね

このりんごは、「プレミアムりんご」なので、ちょっと高いです。

● 1 か月目

りんごは、1 個 1 万円でした。

1 万円のおこづかいで、1 個 1 万円のりんごを買います。

りんごは何個買えるでしょうか？

1 個です。

●２か月目

りんごは１個、5000円でした。

１万円のおこづかいで、5000円のりんごは何個買えるでしょうか？

¥10000

<u>２個です。</u>

● 3か月目
　りんごは1個、1万円でした。

1万円のおこづかいで、1万円のりんごは何個買えるでしょうか？

ゆるい
お金の本だね

1個です。

3か月であなたのお家には、何個りんごがありますか？（とちゅうで食べたりしないでね）

1個＋2個＋1個＝4個

4個です。

4個のりんごを見た、お友達が、
「あ〜いいな、プレミアムりんご。1個1万円で売ってちょうだい〜」と言いました。

4個のりんごを、1個1万円でお友達に売ります。
あなたは、お友達からいくらもらえますか？

4万円です。

3か月間で、りんごを買う時に使ったおこづかいは、いくらでし

たか？

3万円です。

3万円が4万円になりました。
これが、つみたて投資です。

 「え、なに？　なに？」

いいですか、もう一度やってみますよ。
また毎月1万円のおこづかいでりんごを買ってください。

● 1か月目
りんごは、1個1万円でした。

りんごは何個買えるでしょうか？

> # ￥10000

<u>1個です</u>。

● 2か月目
りんごは 1 個、1000 円でした。

りんごは何個買えるでしょうか？

¥10000

10個です。

● 3か月目
りんごは1個1万円でした。

りんごは何個買えるでしょうか？

¥10000

1個です。

3か月であなたのお家には、何個りんごがありますか？

1個 + 10個 + 1個 = 12個

12個です。

12個のりんごを見た、お友達が、

「あ〜いいな、プレミアムりんご。1個5000円で売ってちょうだい〜」と言いました。

1個5000円で
売ってください

12個のりんごを、1個5000円でお友達に売ります。
あなたは、お友達からいくらもらえますか？

 ×  ＝6万円

6万円です。

りんごを買う時に使ったおこづかいは、3万円でしたね。

3万円が6万円になりました。

うれしいですか？　悲しいですか？

めっちゃ♡
うれしい！！

では、この図を見てください。

これ買いますか？

こんな値動きの金融商品があったら、あなたは買いますか？

きっと買わない…。

　なんだか、値動きが激しくて、損をしそうでこわいですよね。好きか嫌いかでいうと、全国のセミナーでも「嫌い」と答える人が圧倒的に多いです。

でも…
実はコレ…

ん？

さっきあなたが、「めっちゃ♡うれしい！！」って言ったりんごと同じものなんですよ。

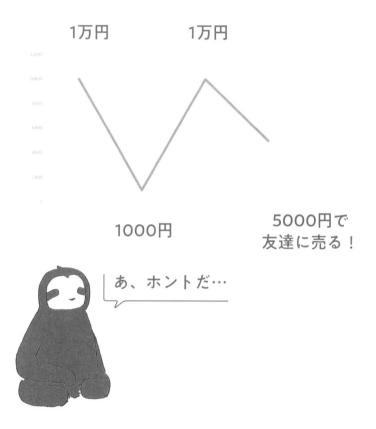

1万円　　　　1万円

1000円

5000円で
友達に売る！

あ、ホントだ…

なぜ、りんごは「めっちゃ♡うれしい！！」で、この図を見たらイヤな気分になるのでしょう？

一括投資教に
洗脳されている
日本人

もう一度、この図を見てみましょう。

この図は、何を表していますか？

りんごの？

値動きです。

出た〜値動き〜！
嫌いなやつ！！！

　なまけものさんが見ていたのは、1万円で始まって5000円になった、りんごの値札です。

はいはい、そうです。
りんごの、ね・ふ・だ！

いいですか、よーく聞いてくださいよ。

一括投資の結果は、りんごの値段と運命共同体です。

■ 3万円一括投資

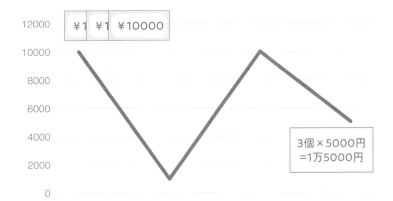

¥1 ¥1 ¥10000

3個×5000円
=1万5000円

そりゃ、そうですね。

異議なしでよろしいでしょうか。

では、つみたて投資の場合はどうだったでしょう？

■ 1万円ずつ　つみたて投資

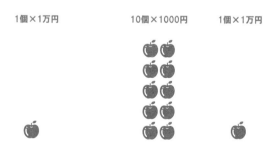

　毎月、「1万円〜、1万円〜、1万円〜」と同じおこづかいで、値動きのあるりんごを買いました。その結果、りんごの値段が高い時は、りんごの数が少なく、りんごの値段が安い時はりんごがいっぱい買えました。

「一括投資」は、投資を始めた時にりんごの数が決まります。「つみたて投資」は、毎月りんごの数を積み上げていく投資法です。りんごの図でわかるように、同じ値動きでも、つみたて投資と一括投資では、結果が大きく違います。

	一括投資	つみたて投資
りんごの数	最初に決まる	毎月増え〜る
投資の結果	下がったら負け	りんごの数×価格

　「投資」というと、一括投資教に洗脳されている日本人は、安いところで買って高いところで売り、利ザヤを稼ぐ株のような一括投資をイメージします。だから、値下がりがこわいのです。でも、つみたて投資の場合の値下がりはどうでしょうか？

　りんごの値段が下がるということは、りんごがいっぱい買えます。つみたて投資2か月目、りんごが1000円になった時、りんごは10個買えました。値下がりは、りんご爆買いのチャンス！　「こわい」ではなく、むしろ「喜び」！　ですね。

一括投資教に洗脳されている多くの人々は、価格だけ見ていて、**りんごの数の視点が全くありません**。だから、みんな最初の日経平均の図を見た時に「損している〜！」と勘違いしてしまうのです。ジグザグの最後に半値になっているチャートを見ると、「こわい〜！」と思ってしまうのです。

5

つみたて投資は
絶対に減らない

　大事なことなので、もう一度おさらいします。これがわかれば、もう今日は寝ても大丈夫です。

　つみたて投資とは、

りんごの数を、つみたてていく投資法です。

　投資の世界では「絶対」という言葉を使ってはいけないことになっていますが、1つだけ絶対と言えることがあります。それは、

つみたて投資のりんごの数は絶対に減らない

ことです。

はい、ここテストに出ますよ。

大事なので、アンダーライン引いといてくださいね。

投資の世界にりんご泥棒はいないのです。

あなたが買って、冷蔵庫の中に大事にしまってあるりんごは、**絶対になくなりません**。そして、りんごは必ず毎月増えていきます。減ることはありません。例えば、りんごの値段が、2万円になった時は、りんごが1/2個買えます。りんごの値段が10万円になったら、1/10個買えます。りんごが値上がりしても、買えなくなることはありません。

| りんごが
2万円の時 | りんごが
10万円の時 | りんごが
100万円の時 | りんごが
1000万円の時 |

証券会社の社長さんに聞いても、投資信託の運用会社の社長さんに聞いても、証券業協会の人に聞いても、みなさん「りんごは減りませんね」とおっしゃいます。「減ることもある」と言った人は1人もいません。エビデンス（証拠）はバッチリです。

は〜い、そしてこれが一番大事です。

つみたて投資の結果はりんごの数×価格です。12個×5000円=6万円ってやりましたよね。りんごの数を**かけ算すること**を、今までなまけものさんに誰も教えてくれませんでした。だから、値段ばっかり見てこわくなっていたのです。

　わたしたちは、りんごの値段をコントロールすることはできません。投資でいうなら、株価とか、投資信託の基準価額です。これは、自分では決められません。でも、りんごの数を増やすことは誰にでもできます。りんごの数は、株なら株数、投資信託なら口数と言います。なまけものさんが、**つみたて投資を始めればりんごは確実に増えていきます。**

りんごの数：自分で増やせる
価格：自分で決められない

　あたり前の話ですが、ひと月でも早くりんごを買い始めた人の方が、1か月遅く始めた隣の人より確実にりんごの数が多いのです。だから、いろんなところで「**投資は早く始めた方がいいですよ**」とお伝えしているのは、こういうわけがあるんです。

りんごの数は、
1か月でも早い方が確実に多い

　時間だけは取り戻せません。だから、なまけものさんたちが「お金が貯まったら投資をしよう」とのんびりしていると、りんごの数を増やすチャンスを逃してしまうのでもったいないのです。なまけものさんたちがやることはただ1つ、ワンコインでもいいから、できるだけ早くりんごの数を増やし始めることです。

6

120万円は
いくらになって
しまうのか？

　早く始めた方がいいとわかったら、即実行！　その前にこんな
ケースも想定しておきましょう。

　値動きはこわくないとわかっているのに、この値動きはすべり台
じゃないんだから。こわすぎますね。

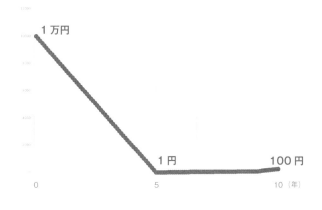

1万円		
	1円	100円

0　　　　　　　　5　　　　　　　　10（年）

　10年間の値動きです。1万円からどんどん下がっていき、5年でついに1円に！　その後も価格は回復せず、1/100に減ってしまって100円で終わりましたとさ。という悲しいお話です。さあ、もしもあなたが、毎月1万円、10年間この商品に投資をしたら、投資元本1万円×12ヵ月×10年の120万円はいくらになるのでしょうか？

　正解は…

120万円より

大きく

増えて

344万420円!

りんごの数

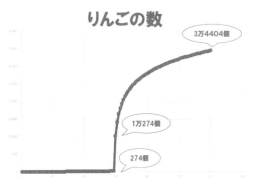

3万4404個

1万274個

274個

　じっくり見てみましょう。最初はりんごは1万円なので、1万円のおこづかいで1個買えます。1円になった時は、りんごが1万個買えます。それまで274個しかりんごが買えていなかったのに、一気に1万274個になるわけです。そして、最終的には、1円で爆買いした時のたくさんのりんごが100倍の値段になるので、3万4404.2個×100円＝344万420円となります。

　なんと1円になってその後もずっと元本割れで1万円まで戻らなくても、最後にちょっと上がるとお金は増えるのです。

　1万円を下回ると、お金が減ってしまう〜と思っている人は、一括投資教に洗脳されている人です。一括投資でお金を増やそうと思ったら、必ず買った時よりも値段が上がらないといけません。なまけものさんたちに、じーっと値動きの見張り番ができると思いますか？　そして、値が上がったら素早く売って利益確定できるでしょうか？

ムリ〜

ですよね。

　なまけものさんも、ああ見えていろいろ忙しいんです。ボケボケしたり、ぼーっとしたり、ぐ〜ぐ〜寝たり！　だから、なまけて値動きに一喜一憂しないので本当は投資にすごく向いているのです。

そして、**下がった時はじっくりりんごを増やす「つみたて投資」こそがなまけものにぴったりの投資法**です。最後にお金を使う時だけちょっと目を覚まして、ちら見してほしい。やることはそれくらいです。

　それだけ。どうです？　簡単でしょ！

なまけものメモ

**最後にちょっと
上がればいい。**

元本割れでも
大丈夫

　ここで、もう一度最初のクイズで出した、日経平均とやらに再び登場してもらいましょう。

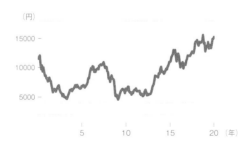

　一度2015年に、投資を始めた時の価格に戻りますが、本格的な回復は2017年になってからです。では、つみたて投資の結果はどうでしょう？　次のグラフの点線は、毎月つみたてた1万円の累計。太い線は、その時売ったらいくらになるか、投資の結果です。

実は、「元本割れ〜」とこわくなる日経平均ですが、2005年から2008年は、自分が投資したお金よりもプラスになっているのがわかりますか？　そして、注目してほしいのが2013年あたりです。

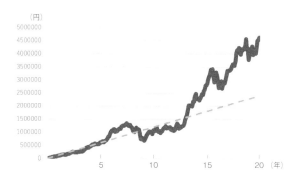

拡大！

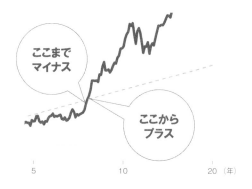

2012年の途中で、投資したお金よりプラスになっているのがわかります？

じゃあ、2012 年の途中で、日経平均さんはどのくらいだったかというと、

こんなズンドコ

いえ、こんなドンゾコだったのです。

どうです？　もし、一括投資教に洗脳されているまま投資をしていたら、ここで真っ青になって売っているところです。今、この瞬間にわたしと、いえいえ「つみたて投資」と出あえてよかったですね。

なまけものさん御用達、つみたて投資なら、こんなどん底でもプラスになっております。もうなぜだかおわかりですね。

つみたて投資の結果は、

せーの！

「りんごの数×価格！！」

ありがとうございます。

2003 年と 2009 年ごろの値下がりでりんごを爆買いし、りんごがたくさん積み上がってきてから、価格をかけ算するので、ちょっと値段が上がっただけでも、プラスになるのです。

この話がわかると、全国のセミナーで、「今からどんどん下がって、後でちょっと上がってくれるものないですか？！」という人続出です。わがままですね。

一括投資教の洗脳が解けて、晴れてつみたて投資教に入信した人々は、「下がれ〜下がれ〜」と下落を願うヘンタイになります。投資を始めてすぐ下落を願うのは、一括投資教の人々から「あいつ、高度な投資テクニックを使っているな」と疑われるので、心の中で願いましょう。下落時もドキドキすることなく枕を高くして寝られる、というよりむしろ下落はうれしいので、つみたて投資こそが、「絶対にドキドキしない誰でもできる投資法」なのです。

なまけものメモ

**始めた時の価格に
戻らなくていい！**

8

下がり続けたら どうなるのか？

　とはいえ、ずっと下がり続けたらどうなるでしょう。

　りんごの値段が1万円から、5000円、1円と下がり続けた時を見てみましょう。1万円のおこづかいで、りんごを買うと、りんごの数は、1個、2個、1万個になります。3か月で合計1万3個のりんごが買えました。もし、1円の時に売ったら、

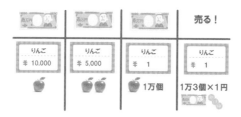

りんごの数×価格

1万3個×1円＝1万3円になります。

りんごを買った時に使ったお金は、3万円なので、大損です。

　わたしたちなまけものは、大事なことを学びました。いくらつみたて投資でも、右肩下がりで下がり続ける物に投資をしてはいけない、ということです。右肩下がりで、ずっと下がり続ける物ってなんでしょう？

「つぶれる会社の株！」

「つぶれる国の通貨！」

「子どもの成績！」

　まあ、お宅もそうですの？　投資のしがいがありませんね。でも、大丈夫。いつかは成績では測れない、何か大きなリターンがあるでしょう！

　え〜、話を戻して。なまけものさんたちは、将来どの会社や国がつぶれるか、予測できますか？

ムリです〜

　そうですよね。わたしもファイナンシャル・プランナーの資格は持っていても、占い師とか、スピリチュアルな資格は持っていないので、「はい！　この会社はつぶれます！」って予測はできないん

です。じゃあ、あてずっぽうで会社を選びますか？　もっとこわい
ですね。1つの会社の株や、1つの国に投資をするのはやめておき
ましょう。

　なまけものさんにいいお知らせがあります。投資の世界では、大
人買い＝全部買いってのができるんです。1つがダメなら全部買っ
ちゃうという作戦です。

全部ください

　もちろん、ワンコインで、全部買いができます。なんていい世の
中になったんでしょう。

　例えば、最初のクイズで出てきた日経平均は、日本を代表する大
企業の株が225個集まったものです。日経平均を買うということは、
日本を代表する225社の株を全部買うことなんです。

　では、日経平均が右肩下がりで下がり続け、225社全社復活しな
いということは…。

　日本経済は破綻。通信会社はつぶれて、電話は糸電話か伝書鳩か、
のろし。自動車メーカーも鉄道会社もつぶれて東京から名古屋への
移動は江戸時代みたいにかご。スーパーもファストファッションブ
ランドもつぶれて、服は手作り。宅配業者もつぶれて、宅配は自分

で自転車！

　日本経済が復活しない、企業が倒産だらけということは、その取引先である中小企業もつぶれます。日本の会社は、全部つぶれてすごく不便な時代が来るということなんです。
「そうそう、将来スマホは伝書鳩になって今よりも不便な時代になるだろう」と予測する人は、投資はしない方がいいです。今から足腰を鍛え、きたるべき原始人時代に備えましょう。

　いやいや、今までも便利な世の中になってきたし、今後ももっと便利な世の中になるに決まっている！　という人は投資をすべきです。もちろん、これから成長する会社の株を「これ！」と選んで買うこともできますが、わからない時は「全部買い」と覚えておいてください。

　宝くじや競馬で全部買いをすると負けますが、投資で**全部買いをすれば、全社がつぶれることは考えにくく、どこかの会社がつぶれたとしても、他の会社が成長してくれます**。日経平均は日本の会社ですが、世界の代表的な会社を買うこともできます。もちろん、ワンコインでも！　世界を全部買いすれば、それこそ下がり続けることは考えにくいですね！

なまけものメモ

**1点買いは
やめておく。**

9

投資は
ギャンブル
なのか？

　企業は、ボランティアではありません。世の中のみなさんの「あったらいいな」に応える商品やサービスを提供して、利益を出しています。だから、「あったらいいな」が実現され年々世の中は便利になっていますね。この本を読んでいるなまけものさん、試しにAmazonで、「山口京子、本」って検索してお好きな本をポチっとしてみてください。

　明日、わたしの本があなたのお家に届くから。

　嘘だと思ったら、やってみてください。

　こんなサービス、昔はありませんでした。町の本屋さんで読みたい本を取り寄せてもらうと、「2週間くらいかかります」って言われていたんです。すごく便利な時代になりました。

　他には、この本の原稿は、パソコンで書いていますが、出先の
スマホでも原稿を直せて、ダイヤモンド社の敏腕編集者亀井さんに
メールでお送りすれば、1秒くらいで届きます。

　わたしが社会人になった1988年ごろは、ワープロで原稿を打っ
てプリントアウトして、家にはFAXがなかったので、レンタルビ
デオ店に持って行って、そこから放送局に送っていたのです。それ
でも郵便より早い！　と感激していたものです。そして、まさかの
修正があると、ポケベルも持っていなかったので、自宅の電話が鳴っ
て「あ〜、もしもし原稿のここをこんな風に直してちょ〜」となり
ました。今思えば、おそろしくのんびりした時代でした。

　こんな便利な時代になったのは、便利なサービスを提供してくれ
る企業があるからなんですね。わたしたちは投資をするというと、
ニュースに出てくる東京証券取引所の数字がくるくる回るボードの
中で、自分のお金が上がるか下がるかだけをイメージします。

　でもその投資したお金は、ボードの中にあるわけではありません。
株を上場するということは、企業が自分たちの株をみんなに買って
もらって、お金を集めているのです。企業が集めたお金は、もっと
いいサービスや商品を世の中に送り出すことに使われます。

　**株に投資をするということは、ギャンブルをすることではなく、
わたしたちのお金が、企業が安心、安全、便利な世の中を作るのに
役立てられているというわけです。**治らなかった病気が新しい薬で
治るようになったり、すごくおいしい調味料ができたり、ステキな
リゾートができたり、サクサク仕事ができるようになったり！

　日本だけでなく世界に目を向けると、アメリカでは、自動運転の

車が走り、中国ではどんどん性能のいいスマホや、パソコン、テレビを作って世界に輸出しています。世界の会社も「いいね！」と言われるような、サービスや商品を作っています。「いいね！」と言われた会社の株は上がるので、わたしたち投資家のお金も増えるというわけです。

　どんな投資先も、いろいろな原因で価格が上がったり、下がったりします。でも、世界を全部買いなら下がり続けて復活しないということは今までありませんでした。投資をするっていうことは、進化する未来を信じて成長する経済にお金を預けるということなんですね。

なまけものメモ

**未来は便利になるから、
世界を全部買い。**

10

全部買いを
するには
どうすればいい？

「 **卵を1つのかごに盛ってはいけない** 」というお話、聞いたことがありますか？　もし、かごを落としてしまったら一度に全部卵が割れてしまうから、卵は別々のかごに入れましょうねという投資の格言です。

もしも、いくつか分けて別のかごに入れておけば、1つ落としてしまったとしても、残りのかごの中の卵がひよこになって、鶏になって、また卵を産んでくれるようになるでしょ(メスの場合)。だから、どんどん卵が増えますよというわけです。

卵はお金、かごは投資先を意味します。1つの会社に投資して、その会社がつぶれたら、お金はなくなってしまいます。本書で1点買いではなく、全部買いをすすめているのは、このためです。

日経平均に入っている225社の株を自分で全部買えば、全部買いになりますが、ユニクロの株が594万円、JR東海が217万円も

するので、どちらか1社だけでも、ご予算オーバーです。そこで登場するのが、投資の福袋「投資信託」です。

　福袋は、中身をお店の人が選んで詰め合わせ、紳士服、婦人服、S、M、Lとラベルが貼ってあります。投資信託も同じです。投資信託のラベルはこんな感じです。

・国内債券
・国内株式
・海外債券
・海外株式

　債券というのは、企業や国がお金を借りる時に発行するもの。日本の国が発行している債券は「国債」と言い、企業がお金を集めるために発行する債券を社債と言います。

　投資信託の中身を決めるのは、ファンドマネージャーという人たちで、みんなからお金を集めて運用します。中には、だいたい30個から2000個くらいの株や債券が入っています。たった1つの海外株式の投資信託を買うだけで、2000個の株を全部買いして分散投資ができるものもあるというわけです。

　投資信託のことを略して「投信」とか、「ファンド」と言ったりしますが、同じもののことです。ETF(いーてぃーえふ)というのは、株と同じように東京証券取引所のような市場で取引されているもので、ETFは "Exchange Traded Funds" の略、上場投資信託とも言い、投資信託の仲間です。

　なまけものさんたちは、投資の福袋を選ぶだけでOKです。どんな福袋を買っていいかわからないなまけものさんは、自分の年齢やお金のコトを入力すれば「あなたにピッタリの商品」を教えてくれるロボアドさんがいるんでしたよね。基本的には、どのロボアドさんも世界全部買いを薦めてくれます。

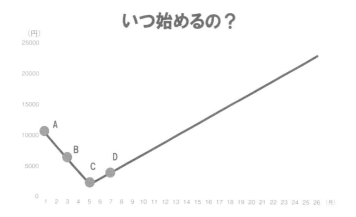

11

つみたて投資は
いつ始めても OK

いつ始めるの？

(円)

こんな値動きをした、福袋がありました。毎月、つみたて投資をします。どこで買い始めればよかったでしょう？

この問題をお客様に出すと「C」と答える方がダントツ多いです。

なんとなく、安いところから始めたいですよね。

正解は…

1、それぞれスタートしてから 20 か月間を比べると

　　B

2、ずっと続けるなら

　　A！

おやおや、なんということでしょう。じっくり見てみましょう。

　1は、それぞれのスタート月から 20 か月間投資をします。投資元本はそれぞれ 20 か月ですから 20 万円です。

	A	B	C	D
口数	30 口	29 口	26 口	19 口
結果	52 万円	**56 万円**	55 万円	43 万円

　結果は、B、C、A、D の順番です。

　C は途中まで調子がいいものの、18 か月目で B に負けてしまいます。

では、最初の図の中の26か月時点での結果はどうでしょう？
投資期間が違うので、それぞれの投資元本は違います。

	A	B	C	D
投資元本	**26万円**	24万円	22万円	20万円
口数	**33口**	31口	27口	19口
結果	**77万円**	72万円	62万円	43万円

　もう、りんごの話がわかったなまけものさんなら、なぜAが1
等賞だったのかわかりますね。早く始めた方がりんごの数が多かっ
たからです。でも、結果を見ると、一番最初に投資を始めたAと
最後に始めたDの投資額はたった6万円しか違いません。ところが、
投資の結果は、34万円も違います！

　なぜでしょう。

　そうです、ここでもりんごの数が明暗を分けました。A地点から、
C地点に行く間に、Aさんは、りんごを爆買い！　していたんです。

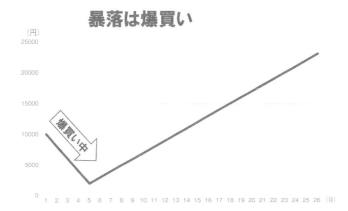

大チャンスの暴落が来て、あ～、そろそろやろうかな～と思って
D地点で始めればまだいい方です。

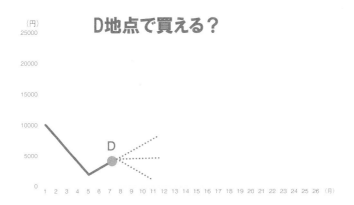

D地点は、ど～んと値下がりした後にちょっとだけ回復したよう
に見えるところです。ここで「よし！　投資を始めるぞ！」と思え
るでしょうか？「また、下がるんじゃない？」という気持ちになり

ませんか？　そんな時、覚えておいていただきたいのは、りんご全体の数です。

　あなたがもし20歳で、今から投資を始めるなら、還暦の60歳までは、りんごの数を増やすチャンスは480か月あります。最初のひと月のりんごの数が、全体に与える影響は、480分の1！　たった0.2%です。0.2%分のりんごの数を「どうしようかな～」と考えていると、10年なんてあっという間に過ぎていきます。

　10年ってあっという間では、ありませんでしたか？　アラサー、アラフォー、アラフィフ、アラカンのみなさま！　10年前は何してました？

　ということは、同じようにここから10年過ぎるのなんてあっという間です。投資デビューの月をいつにしようかな～、今は株高なのかな～？　と考えている間に10年過ぎて、120回もりんごの数を増やすチャンスをみすみす失ってしまいます。そうならないために、ここで大胆なことを言います。

**　なまけものが投資を始めるのは、今がベスト！**

　1か月でも早く始めた方が、りんごは必ず多いんでしたよね？　このクイズの値動きのように実際の値動きは単純ではありません。いくらシミュレーションをしても、キリがありませんし、将来を当てることもできませんので、エスパーと予言者以外は、1日でも早くりんごを増やし始めた方がいいわけです。

12

絶対に
ドキドキしない
誰でもできる投資法

　セミナーでりんごの数は絶対に減らない話をすると、「もっと早く聞きたかった」「もっと早くやればよかった」「20代がうらやましい」という感想が、アンケートにたくさん書かれます。

　でも、人生はこの先まだまだ長いので、今からコツコツ「つみたて投資」をすれば、上がったり下がったりを繰り返し、将来に向けて大きくお金を増やすことができます。

　投資が嫌いになってしまう人は、たいがい一括投資で買った時より値が下がってしまった人です。となると、四六時中ずっとチャートを見ていないといられなくなり、仕事も手につきません。「つみたて投資」は下がった時も枕を高くして安心して寝られます。なまけものさんは、まず「つみたて投資」で、資産のベースを作り、トッピングとしていろんな投資にチャレンジしましょう。

初心者のなまけものさんにとって、「つみたて投資」が主菜のごはんなら、一括投資は副菜。不動産投資や金やアートの現物投資、仮想通貨は珍味です。珍味が大好きな人もいますが、なまけものさんが投資を嫌いにならないように、長く続けるには主菜のつみたて投資から始めるのがベストです。

つみたて投資を成功させる秘訣は、「長期・分散」です。どんな投資対象も、一直線で上がり続けるものはありません。景気がよくなったり、悪くなったり、金利が高くなったり、低くなったり、ドルが上がったり、下がったり。今からあなたが投資するものも例外なく、値下がりします。短期的には値が下がることがあっても、最低でも10年くらい、なまけものらしくあわてないで投資を続けることが勝利の秘訣その1です。

その2は、世界にお金を分散投資する、全部買いでしたね。どれが値上がりするか当てに行くのは、プロでも難しいので、どれかが下がっても、どれかが上がってくれればいいのです。リーマンショックの時は、日本の株も債券も、外国の株も債券も、みんな値下がりしました。ところが、その下がり方はまちまち。また、回復の早さもまちまちだったので、みんな値下がりするような時も全部買いは正しかったのです。

「つみたて投資で全部買い」は、2つの分散をしていることになります。1つは時間の分散、もう1つは、投資先の分散です。時間の分散は、買うタイミングを分けること。投資先の分散は、1つの会社に投資しないことです。どっちも、めちゃくちゃ大事ってことは、りんごの数と卵を1つのかごに盛らないところでお話しした通りです。

さあ、これだけわかれば、あとはこわいものなしです。「絶対にドキドキしない誰でもできる投資法」で、投資デビューをしましょう。

第 **3** 章

〈初級編〉
ワンコインでまずは
海外旅行を目指せ

①

まずは
ツアー代を準備

　さあ、なまけものさん、いよいよ投資デビューの時がきました。まず、何のためにお金を増やしたいですか？　目標なんてなくてもお金は増えますが、あった方が楽しいですね。ただ数字が増えていくのを見ているより、目標に一歩ずつ近づいていく喜びがあります。初級編では海外旅行を目指しますが、あくまで一例なので、「ジュエリーを買う」でも、「オウムを飼う」でもお好きな物に変えてください。

　無理のない金額から、「絶対にドキドキしない誰でもできる投資法」＝つみたて投資でお金をつみたてます。初級編では、貯金と投資の間くらいの、すぐに投資できる下落リスクの少ないものを選びます。

　毎週ワンコイン（500円）を投資しましょう。ひと月、5週ある

とすると、2500円です。

　貯金で毎月2500円つみたてたとしても、普通預金も、定期預金も利息はゼロ！　つきません。タンス預金と一緒ですね。最初のつみたて投資の目標は、値動きの少ない物を選び、それぞれの投資元本＋α増えることです。この＋αは、期間が短いのと、値動きの少ないものを選ぶので、それほど増えません。それでも、およその目標は、

・1年で韓国ツアー送迎なしエコノミーホテル！
・2年でLCCで行く台湾ツアー3日間送迎朝食付き
・3年でハワイ5日間ツアー

　さあ、どこを目指しますか？　普段なら、何かに消えてしまうワンコインをつみたて投資するだけで、立派に海外旅行に行けるくらいのお金になります。努力はいりません。小さなお金でも、本当につみたての力は大きいですね。もし、目標の時までに増えなかったとしても気長に待ちましょう。下がり続ける相場はないのですから。

《毎週、ワンコインで投資できるもの》
LINEスマート投資のワンコイン投資
　LINEスマート投資のワンコイン投資は、最初に目標を入力。商品が1つなので迷いません。ワンコイン投資という名の通り、毎週500円単位の投資になります。毎週500円なら1年間で、52週×500円＝2万6000円投資することになります。

松井証券は、「投信工房」のロボアドバイザーの8個の質問に答えるだけで、最適な投資信託の組み合わせを教えてくれます。投資信託の最低購入金額が100円以上1円単位なので、毎週500円で設定をすると、買える銘柄が少なくなります。ひと月5週と考えて、毎月2500円でつみたてをしましょう。

写真のケースは、「安定型」と診断された場合の投資信託の組み合わせです。毎月2500円の予算なら、おすすめ比率1%の国内リートと2%のコモディティは、25円と50円になり、100円未満になるので買えませんが、それほど影響はないので心配いりません。また、他の銘柄がある程度の金額になってくれば、買い付けが始まります。迷わず、「全銘柄選択」でOKです。

SBI証券

SBI証券には、投資信託のつみたて専用のスマホアプリ「かんたん積立」があります。積立スタイル診断に答えるだけで、「オススメの組み合わせ」で商品が出てきます。理想の配分比率を参考に100円以上、100円単位でつみたて金額をひと月2500円になるように、入力します。

　3つともスマホで検索してみて、「このサイトは見やすくてわかりやすいな」と思ったところで投資をスタートします。どの会社も口座開設には、本人確認書類が必要です。マイナンバーカードがあればベストですが、まだ作っていない人も多いので、マイナンバー通知カード、運転免許証、健康保険証、パスポートなどを用意します。どんな本人確認書類で口座開設ができるか調べておきましょう。

　初めて口座開設をするときに、見なれぬ言葉が出てきます。「特定口座源泉徴収あり」。これは、証券会社があなたに代わって年間の税金の計算をして、税金が必要ならもうかったお金の中から、代わりに納めてあげますという意味です。なまけものなら、迷わず「特定口座源泉徴収あり」を選びましょう。もう1つは、「株式数比例分配方式」です。こちらを選ばないと、NISA（ニーサ）の株の配当も税金を払うことになるので、意味がよくわからなくてもこっちを選びましょう。

② 現地で使う おこづかいを ワンコインで増やす

　海外旅行といえば、現地通貨です。ソニー銀行は、毎日、毎週、毎月、いずれか500円から11通貨のつみたてができます。さらに、ソニー銀行のVisaデビットカード「Sony Bank WALLET」を使えば、貯めた外貨をそのまま海外で使うことができます。

　くわしく解説しましょう。
　Visaデビットカードとは、国際ブランドのVisaマークがついたデビットカードです。Visaマークがついているお店なら、近所のコンビニから海外のレストランでもどこでも使えます。クレジットカードと違うところは、使ったその時に、自分の口座から支払われるというところ。タイムラグがありませんので、お金の管理がシンプルになります。使えるお金は、自分の口座残高までですから、使いすぎるということがありません。

「Sony Bank WALLET」は、海外で買い物をした時に、自分の外貨口座にその通貨があれば、そこから引き落とされます。余計な手数料がかかりません。海外で使える通貨は米ドル、ユーロ、英ポンド、豪ドル、NZドル、カナダドル、スイスフラン、香港ドル、南アランド、スウェーデンクローナの円+10通貨。現地のATMから現地通貨で下ろすこともできます。

わたしはつみたてができる11通貨を全部つみたてています。ある晩、「わ、おもしろそう！」と思って11個ぽちぽち大人買いしました。まあ、ネットショッピングの衝動買いに似たようなものですが、衝動買いよりはいいかもしれません。現地で使えるのは10通貨なので、海外で使おうと思うと、毎年1つの国に行っても10年かかります。南アフリカとかスウェーデンで、「Sony Bank WALLET」を使う日が来るかもしれないと思うとワクワクします。

さらに余談ですが、「Sony Bank WALLET」はめちゃくちゃ券面がかっこいいのでお気に入りです。ちょっとポール・スミスっぽいデザインで、縦の線は、世界のいろいろな紙幣のイメージからデザインされているそうです。ますますワクワクします。

さあ、なまけものさんは、どの通貨を買うのがいいでしょうか？

　答えは米ドルです。米ドルは、毎日テレビのニュースでも新聞でも今いくらかがわかります。なぜあんなにもテレビでやっているかというと、米ドルは世界の基軸通貨で、いろんな国で輸出や輸入をするときに使われるお金だからです。それだけに、たくさん取引されていて、世界のシェアの44%は米ドル、2位がユーロで16%、日本円は3位で8%、世界大国2位になった中国はシェア8位でわずか2%です。だから、ドルと言えば、普通は米ドルのことをさします。

　ドルが使えるところは、アメリカ本土だけでなく、ハワイ、サイパン、グアムでも使えます。他の地域に行くなら、預けた時より円安になっている時に円に戻せば、お金は増えます。旅行に行かない場合は、ソニー銀行にはドル建ての投資信託があるので、投資信託でさらにお金を増やしましょう。2020年1月から、外貨建ての投資信託も購入手数料が無料になりました。

　毎週ワンコイン（500円×52週）×3年で7万8000円！
　米ドルの金利は、0.25%（2020年1月29日時点外貨普通預金の税引前）です。ドル円のレートが変わらなかったとしても3年間で200円程度しか増えません。利息には期待せずに、旅行に行く時に今より円安になるか、円高になるかはわからないので、その備えにしましょう。今より円安になったら、迷わず仕込んでおいたドル預金を使います。円高ならドルは取っておいて、円の貯金をおこづかいとして使うといいでしょう。

毎週ドルを買う時も、りんごの数を増やすのと同じ考え方です。りんごがドルになったと思ってください。1ドル札が安くなったらドルはたくさん買えます。ドルの値段が高くなったら、ドルは少ししか買えません。りんごの時と一緒ですね。

500円	500円	500円
1$＝100円	1$＝50円	1$＝200円

ドル安っ！

ドル高っ！

なまけものメモ
**ハワイのために
毎週ドル貯金。**

3

海外旅行に
行かなくても
知っとこ

　海外旅行に行かなくても、ブランドもののバッグを買わなくても、普段のわたしたちの生活は為替の影響を受けています。日本は資源の少ない国なので、食料はカロリーベースで 63%、鉄やアルミなどの鉱物資源は 100%、原油、天然ガス、石炭などのエネルギーは 90%、輸入に頼っています。

　身の回りを見渡してみても、お味噌の大豆はアメリカ産、おそばのそば粉は中国産、牛肉は国産でも牛が食べる飼料はアメリカ産だったりします。牛のエサを運ぶのにアメリカから船を使いますので、エサ代は原油の価格とドルのレートがかかわってくるわけです。
　ということは！　誰もが、ドルと無縁ではないということです。ドル高になるということは、わたしたちが普通に暮らしていても、物の値段が上がる可能性が高いということです。

そういえば最近、納豆の量、減ってません？ ちくわ短くなってません？ ポテトチップス一袋なくなるの早くありません？ カントリーマアムは小さくなりました。値上げするとお客さんは買ってくれなくなっちゃうので、値段は変えずにサイズを小さくしているのです。実質的な値上げで、シュリンクフレーションと言ったりします。こんな風に、わからないよ〜に、じわじわと世の中の物の値段は上がっていきます。

では、ここでクイズです。

「あなたはこの先、円高になると思いますか？ 円安になると思いますか？ わかりませんか？」

はい、わかりません

では、ちょっとヒントです。

円高になるということは、ドル安。ドルなんか持っているより、やっぱり日本の円は安心できるし、頼りがいがあるからいいわ〜。こんなイメージ。

円安は、ドル高です。円なんて金利も低いし、少子高齢化、景気がよくなるとも思えない。やっぱ、アメリカよね〜。

さあ、どっち！

はい、わかりません

はい、正解です！　おめでとうございます！

やった〜

　なぜ正解かと言うと、誰にもわからないから全部正解です。でもここからが大事、円高か円安か「わかりません」と答えたなまけものさん、あなたの金融資産は、半分ドルですか？

ドルなんかないよ

　円安ドル高になると、物の値段が上がるから、円だけで資産を持っていると資産が目減りします！　もし、外貨建ての資産を持っていたら、それが増えているので、安心して値上がりしたものを買えます。なまけものさんが、円高か円安か「わからない〜」と思うなら、半分を円、半分を外貨建ての資産で持っていれば、どっちに転んでも備えることができます。旅行の時と一緒ですね。

　セミナーでこのクイズを出すと、円高と答える人は、パラパラ数人程度、いない時も多いです。圧倒的に円安か、わからないで手を挙げる人が多いです。

　円安と答えた人は、将来は絶対に物の値段は上がる‼　と思っているわけですから、それに備えられるように、円を外貨建ての資産にしたり、インフレ（物の値段が上がること）になったら値上がりする物を買っておいたりするといいですね。インフレになったら値上がりすると言われているのは、株や不動産です。この２つも投資信託で買えます。

　円安に手を挙げて、資産が円の貯金しかないという人が多いのですが、自分の考えと、投資行動が矛盾していますよね。

痩せたいのに
食べるオレみたいな？

ちょっと違うな、かわいい女の子に出会えるとわかっているのに、何も準備していないオレ！　みたいな。

それ、まずいな

　シャツにアイスついてますよ。

　ちなみに、円高と答えた人は、円だけで持っていたとしても、円の価値が高くなるわけだからいいのです。ただ…………

ただ？

　絶対、円高っ！　って言える？

言えない（涙）

　じゃあ、ちょっとくらいはインフレや円安に備えておいた方が安心できませんか？

そーですね

4

貯金しか
していないという
リスク

円の貯金しか資産がないということはですよ。

ここに、パッと世界地図を広げますよ。

0.001%

真ん中の、赤い小さな国が日本です。

今は、ワンコインで世界中に投資ができるという時代なのに、かたくなに小さな赤い国の金利0.001%のところにだけ、お金を入れているのってどうでしょう？

浮気できない一途なタイプ？　それとも、誰かにマインドコントロールされてるの？
ここに貯金だけって、めちゃくちゃリスクを取っていると思いませんか？

ここに貯金だけしているということはですよ。

将来は、
100% 円高になって、
100% デフレになって、
100% 国が年金でめんどうを見てくれる！

っていうのに、betする、賭けをしていることと一緒なんです。

円高になるから、貯金だけで平気、
インフレは来ないから、貯金だけで平気、
たんまり年金があるから、貯金なんかなくても平気平気！　ってね。

あぶない賭けだな

そうなんです。こんなにも「世界中に、ワンコインで投資できるんですよ〜」って言っても、あぶないから貯金しかしない人は、自分が取っているリスクに気づいていません。

5

投資は
会社員が堂々と
できる副業です

　若い人なら、いきなり新興国に行って、そこで仕事を見つけて結婚して、いっぱい子どもを持つこともできるでしょう。よくテレビ局の楽屋でADさんたちに、「お金持ちになりたかったら、新興国で彼女を見つけて、がんがん働いて、いっぱい子どもを作るのはどう？」っておすすめしています。その国が経済成長した時に、給料も右肩上がりで増えるし、土地なんか持てたら自分の資産も増えるし、歳をとったらその国の福祉のお世話になりつつ、たくさんいる子どものうちの誰かがめんどうをみてくれるでしょう。

　でも、わたしは、こんな歳だし、名古屋弁と標準語しかしゃべれないし、日本に家族もいるので、いくら成長する国があるとわかっていても、海外に働きに行けません。わたしと同じ人が多いんじゃないでしょうか？

そこですよ、私の代わりにお金に働きに行ってもらうんです。お金ちゃんたちは、いい仕事しますよ。留学なんかしなくても、Apple とか Microsoft とか Amazon、Facebook といった一流企業でCEO に喜ばれながら、文句も言わずに働いています。

貯金も日本円、会社も日本、家も日本にあって、親も兄弟も日本にいる。そんなオールジャパンな人でも、お金は海外に出稼ぎに行かせることができます。あなたの体は１つしかないので、給料が頭打ちでも、寝ないで働くわけにはいかず、自分で働くには時間の限界があります。もしかしたら、会社で副業が禁止されているかもしれません。

国や会社はむしろ、自分で投資をして将来のための資産形成をすすめています。それは、大手企業であっても「終身雇用は難しい」と言われはじめ、国も少子高齢化で年金や医療制度を支えきれないから、自助努力をしてくださいねということです。

そのメッセージは、NISA や iDeCo など税金を安くする制度が増えたことからもわかります。投資は堂々とできる会社員の副業なのです。会社で働ける体は１つですが、日本株に投資をすればお金は上場企業で働けます。海外の有名企業で働くこともできます。

なまけものさんが世界全部買いをして、つみたて投資をすることは、円安やインフレになった時でも、資産が目減りをしないように備えるための、リスクヘッジだったんですね。投資をすることで、お金の価値を減らさず、自分や家族の将来を守ることができるのです。

ギャンブル≠投資＝リスクヘッジ

第4章

〈上級編〉
ワンコインから始めて
2000万円に増やす方法

①

お金を貯める、
増やす
３つのお財布とは？

え、もう上級編ですか？

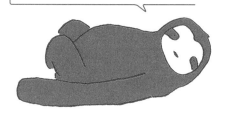

はい、もう上級編です。

　なまけものさん、
「家計簿つけててもお金が貯まらないんです～」っていう人いるで
しょ。家計簿をつけたいのか、お金を貯めたいのか、どっちがホンネ
でしょう？　たぶんお金を貯めたいがホンネですね。となると、お金
が貯まれば、別に家計簿はつけなくてもいいわけです。

お金を増やすのに、お金の勉強をすることは、すごく大事です。大事、大事、大事。3回言いました。でも、始めることの方がもっと大事です。そしてそれは、毎日バットを振ってメジャーリーガーになるとか、誰も思いつかないようなクラシックの名曲「展覧会の絵」とロックを融合して世界ツアーをするとか。

**ELPから
離れてください**

ごめんごめん、QUEENの方がよかったかな。映画観た人も多いと思うから。えっと、何の話でしたっけ？　あ、そうだ、そういう特別の才能と血のにじむような努力は、お金を増やすのにいらないってことが言いたいんでした。

この本を読んで、一括投資とつみたて投資の結果の違いをよ〜く理解して、自分の未来が明るくなることを信じて**世界に分散投資をする**。はい、上級編おしまい！

**もう少しあるでしょ、
なんか**

そうですね、いくらなんでもなまけすぎですね。では、この章では、ワンコインから、2000万円までお金を増やす方法をお伝えします。

ワンコインつみたてなどで、毎月3000円を30年間4%で運用できたとすると、108万円が208万円になります。定期預金なら数百円しか増えないのに、運用したら100万円増える！　うれしいですね。でも、ちょっと待ってください。もし毎月のつみたて額が10倍の3万円だったとすると…。

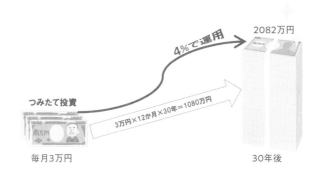

2082万円

4%で運用

つみたて投資

3万円×12か月×30年＝1080万円

毎月3万円

30年後

2082万円になるのです！

2000万円は、急にはポケットから出てきません。でも、毎月3万円ならなんとかやりくりできそうです。夫婦なら、毎月1万5000円ずつでもいいのです。老後2000万円問題も一発でクリアです！

さあ、どうやったらいいのか、じっくり解説します。

　まずは、ゴールに向けて、スタート地点を確認しましょう。今、どこにどれだけお金が貯まっていますか？

　お金に色はつけられませんが、お金を目的に合わせて整理すると、いくらくらい投資に回せるかがわかります。おすすめしたいのが「3つのお財布に分ける」方法です。この方法は、これからお金を貯める人も、すでにお金が貯まっている人にも共通するお金の管理法ですから是非覚えておいてください。

1つ目のお財布

　1つ目のお財布は「使う」というお財布です。**生活費を出し入れするお財布です**。1つ目のお財布の特徴は、使い勝手がいいこと。このお財布を金の延べ棒にすると、お魚を買いたい時に、いちいち換金しないといけないので不便です。近所のATMで下ろせるような、お給料や報酬の振り込み口座の、普通預金がいいですね。

　1つ目のお財布がいっぱいにならないと、何かあった時に借金を

しなくてはなりません。借金に高い金利はつきものですから、利息を払っていては、いつまでたってもお金が貯まりません。この1つ目のお財布がいっぱいになるまでは、頑張ってお金を貯めましょう。

このお財布に入れるお金は、生活費の2〜3か月分くらい。自営業者なら半年分くらいです。今は、定期預金に入れてもあまり増えないので、普通預金に全てのお金を入れっぱなしという人もいますが、ここに何百万円も入れていると、油断します。

生活費の2〜3か月分以外は、2番目と3番目のお財布に入れて、油断しないように布でもかぶせて見ないようにしておきましょう。まあ、なまけものさんなら、普段のお金以外は忘れるからちょうどいいかもしれませんね。

■1つ目のお財布＝使うお財布
・生活費の2〜3か月分のお金
・普通預金

2つ目のお財布

1つ目のお財布がいっぱいになったら、2つ目のお財布、「貯める」というお財布にお金を入れましょう。1つ目のお財布とは別の口座か定期預金がいいですね。

2つ目のお財布には、**5年以内に使う予定があるお金を入れます**。「車を買い換える」「大学入学のためのお金」「記念旅行」「結婚式」「マイホームの頭金」etc…いろいろあります。

　このお財布を株にすると、リーマンショックのような下落が来てしまうと、欲しい車が買えなかったり、志望校変更を余儀なくされたり、記念旅行のハワイが温泉になったりします。そんなことにならないために、5年以内に確実に使うお金は、運用しないで定期預金にします。

　これから貯める人は、毎月決めたお金を自動的につみたててくれる、つみたて定期預金で先取り貯金をしましょう。先取り貯金とは、お給料や報酬が入ったら使ってしまう前に、先によけておいて、最初からなかったものとして残ったお金でやりくりすることです。

　この天引きシステムは、無一文からみずほフィナンシャルグループ、明治安田生命、損保ジャパン日本興亜を作った安田善次郎さんもイチオシの貯蓄法で、どんなに物価が上がろうが、1～2割は貯めるように！　と厳しくおっしゃってます。

■ 2つ目のお財布＝貯めるお財布
・5年以内に使うお金
・積立定期預金、定期預金、財形など

　なまけものさんの投資デビュー初級編の海外旅行は、3年以内なのに運用していいの？　と思うかもしれません。初級編の海外旅行は、金婚式などの記念旅行と違い、どうしてもこの年に行かなければいけない旅行ではありません。海外旅行を、あこがれのバッグや、欲しかったオウムに変えた人も同じです。オウムは MUST BUY アイテムではないので、安心して投資していいのです。

３つ目のお財布

　３つ目のお財布は、「増やす」というお財布です。

　結婚している、いない、マイホームの有無、子どもの有無にかかわらず、全ての人に老後はやってきます。女性の２人に１人は90歳のバースデーを迎えます。ハッピーバースデー！！

　長くなった自分の寿命をカバーできるくらいに、お金の寿命ものばしておきましょう。ここで何をやるかは、もうご存じですね？

　つみたて投資で、世界を全部買いです。

■３つ目のお財布＝増やすお財布
・５年以上使わないお金
・投資信託、個人向け国債、債券、株、REIT、外貨預金

　ここでちょっと見慣れないものが出てきました。REIT です。REIT はリートと読みます。不動産に投資する上場投資信託のことです。投資家からお金を集めて、街のランドマークとなるような建物、ホテル、マンション、物流施設などを買い、家賃をもらって投資家に分配する商品です。バランス型ファンドや、ロボアドバイザーのおすすめ商品の中に入っていることがあるので覚えておきましょう。

②

「増やす」
お財布の中身

　2つ目のお財布、定期預金まではあるけど、3つ目のお財布がない人は多いです。増やすお財布には、上がったり下がったりしながら、最終的には上がってくれる成長する資産を入れておきましょう。世界をまるっと全部買いでしたね。具体的には、こういうものがあります。

	国内	外国
株	日本株	先進国株 新興国株
債券	国内債券	先進国債券 新興国債券
REIT	J-REIT	ワールドREIT US-REIT

国内だけでなく、外国も入れるのは、外貨建ての資産を「増やす」お財布に入れるためです。円高、円安どっちに転んでもいいように！でしたね。それぞれ、どんな値動きをするのかちらっと見てみましょう。

　これ日本の債券、あまり値動きがなくおとなしいもんです。

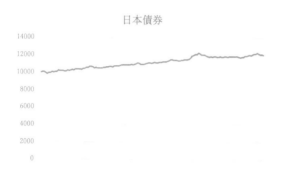

　続いて日本の株。債券より値動きが大きいですね。

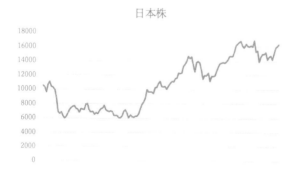

　続いて世界の REIT。まっさかさまに下落して日本の株よりもド
キドキさせてくれますね。

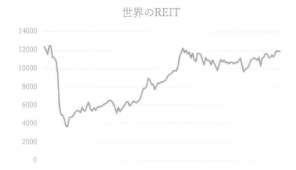

世界のREIT

　これだけ投資する先によって、値動きが違います。いずれも、リー
マンショックのあった年、2008 年の 1 月から、2019 年の 12 月ま
での値動きです。リーマンショックは秋ですから、日本の債券以外
は、スタートしてすぐにドーンと下がっています。

　きっと、この本を読む前は、「日本の債券がいい〜、ドキドキし
ないもん」と思っていたでしょう。でも、値下がりでたくさんりん
ごが買えることを知ったなまけものさんたちは、**実は世界の REIT
がおいしい！** と、うすうす気づいているはずです。REIT は、不
動産の家賃を投資家に分けてくれる商品なので、定期的におこづか
いがもらえる仕組みになっています。ただ、REIT だけにしてしま
うと、リスクが偏りすぎますね。

　お食事でも、ずっとスープばっかりのフルコースってお腹タプタ
プになりません？　もしくは、前菜からずっと肉！　っていうのど
うです？　あ、そういえばなかなか予約が取れない肉山っていうお

店がありますね。前菜からボリューミーなパテが出てくる、肉のフルコースなんです。完食を肉山登山って言いますが、わたしは前菜ですでに、お腹いっぱい。なかなか予約が取れないので、貴重な体験でした。でもあれは特別の1日だからいいんです。毎日、肉のフルコースは、かなりヘビーです。栄養も偏りますので、お食事も、資産配分もリスクを分散、バランスよくを目指しましょう。

　国内の債券は貯金と似たようなものなので、2番目のお財布に定期預金がいっぱい貯まっている人は、3番目のお財布でわざわざ国内債券を買わなくてもいいでしょう。わが家も、2番目のお財布には貯金、個人年金、終身保険が入っているので、3番目のお財布では、国内債券以外の物を買っています。

なまけものメモ

株ばっかりで
お腹いっぱい
にしない。

③

どれを
どれくらい
買ったらいいの？

　ここで世界トップレベルのお金持ちに登場して頂きましょう。資産168兆円！　日本の国家予算が100兆円ですから、もっとお金持ち！　日本の時価総額が一番大きいトヨタから順に10位までの会社の株を全部買ってもおつりが来るくらい、お金持ち！　2001年からのもうけは、75兆円‼　ケタが大きすぎて、もうすごいということしかわかりません。この超お金持ちは、意外と身近にいます。わたしたちの年金を運用している年金積立金管理運用独立行政法人という長い名前の通称、GPIF（じーぴーあいえふ）です。

　GPIFは、100年後を目標に、みなさんの年金を超長期運用しています。みなさんの大事な年金を運用するので、イチかバチかの運まかせにはできませんし、FXや仮想通貨でガンガンもうけるといった勝負もできません。いわゆるテッパン的な堅い運用です。

　この大金持ちが、何をどれくらい買っているか興味ありません

か？　GPIFの運用の中身は、こちら。

　半分が株で半分が債券で、国内と外国にきれいに分散されています。GPIFの平均リターンは3％です。この他にも、国内の太陽光発電施設や海外の不動産や空港、風力発電などにも投資をしています。株や債券といった従来の投資先だけでなく、新しい投資先も含めて全部買いをして、何かが下落した時も損失をおさえられるようにしているからです。すごいなーGPIF。金融市場では、扱う金額が大きいので「クジラ」と呼ばれています。クジラをわが家レベルにするとこんな感じです。

《ご予算別どれをいくら買うか》

	資産100万円	資産300万円	資産500万円
国内債券	35万円	105万円	175万円
外国債券	15万円	45万円	75万円
日本株	25万円	75万円	125万円
外国株	25万円	75万円	125万円

　国内債券は、投資信託を買わなくても、定期預金でもOKです。個人向け国債を買うという方法もありますが、個人向け国債の金利

は、10 年変動で 0.05% です。ネット証券と連携している銀行やイオン銀行などの優遇金利の方が高いこともあります。

　もし、メガバンクなどであまり金利が高くなかったとしても、定期預金との金利差は、税引き前で 0.04%。35 万円の定期預金を個人向け国債にしても、得するのは 100 円ちょっとです。手続きにかかる時間を考えると、そこは貯金でもいいでしょう！

　この組み合わせで、投資の成績が決まるというくらい大事なので、最初は迷いますが、悩まなくても大丈夫です。あなたにぴったりの組み合わせは、たいがいの証券会社や銀行のホームページでロボアドが教えてくれます。2 番目のお財布に貯金が貯まっている人は、ロボアドに聞かれた時に、ちょっと積極的な答えをすると債券以外の割合が多くなります。その資産配分にした時のシミュレーションも見られますので、試してみましょう。

　例えば松井証券のロボアド「投信工房」は、自分のリスク許容度を 5 段階で評価し、それに見合ったプランを提案してくれます。一番リスクが低い「安定型」でも期待リターンは 3.4%。貯金に比べると、お金が増える可能性がグッと高くなります。国内債券の割合が 24% と多いので、もし 2 番目のお財布に定期預金がしっかり貯まっているなら、国内債券の割合がこれより少ない、期待リターン 5.3% の「バランス型」などにしてもいいでしょう。

　提案されたプランをつみたてるとどれくらい資産が増えるのかシミュレーションすることもできます。例えば、毎月 3 万円を 30 年つみたてると元本は 1080 万円ですが、30 年後「安定型」の場合は 1766 万円。「バランス型」は 2291 万円。期待リターン 7% の「積極型」は 2850 万円です。

同じ毎月３万円でも、資産配分がかわると、これだけ差が出ます。将来のリターンを約束するものではありませんが、始めたら後はなまけていたいなまけものとしては、どれくらいお金が増えるかシミュレーションしてみて資産配分を選びましょう。

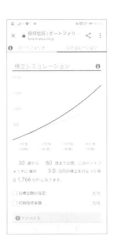

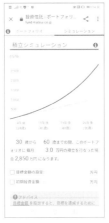

4

カモられない
ようにする

　いろんなことを勉強するより、つみたて投資はまず始める方がいいです。でも、これだけは知っておいてください。

めっちゃくちゃもうかるものは、めっちゃくちゃ下がるよ。
それほど下がらないものは、あんまりもうからないよ。

　ということです。めっちゃくちゃもうかるのに、値下がりリスクが全くないうまい話を持ってこられたら、「あ〜、だまされてるな〜わたし」と思いましょう。次のページのローリスク・ハイリターンのところですね。ここにはサギという鳥が住んでいます。

　そして、めっちゃくちゃリスクが高いのに、全然もうからない商品を売られる人たちがいます。ハイリスク・ローリターンのあたりですね。そこにはカモという鳥が住んでいます。

サギにだまされて、カモにならないように。欲をかかずに、いろいろな資産をバランスよく持つことが大事だということです。

〈リスクとリターンの関係〉

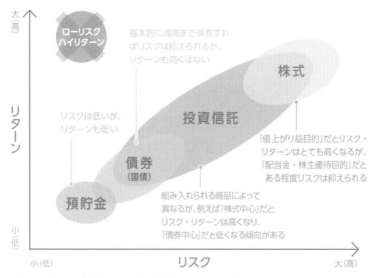

ローリスク
ハイリターン

基本的に満期まで保有すれ
ばリスクは抑えられるが、
リターンも高くはない

株式

リスクは低いが、
リターンも低い

投資信託

債券
（国債）

「値上がり益目的」だとリスク・
リターンはとても高くなるが、
「配当金・株主優待目的」だと
ある程度リスクは抑えられる

預貯金

組み入れられる商品によって
異なるが、例えば「株式中心」だと
リスク・リターンは高くなり、
「債券中心」だと低くなる傾向がある

大（高）　リターン　小（低）

小（低）　　　　リスク　　　　大（高）

※これは一般的なイメージ図であり、すべての金融商品があてはまるものではありません。

日本証券業協会

　3つのお財布を全部足して、真ん中くらいに来るようにするのがいいですね。

なまけものメモ
うまい話はない。

5

「増やす」
お財布はなぜ
5年以上なのか

　「増やす」お財布は、5年以上使わないお金を入れておくお財布です。なぜ、5年以上なのかは理由があります。投資先を分散しても、1年間しか投資をしなければ、すごくもうかって終わる年もあれば、大損で終わる年もあります。

　ところが、期間が長くなれば、マイナスの年があったとしても、プラスの年のリターンがおぎなってくれるので、結果的にはプラスになるのです。

《４資産均等に投資した場合保有期間別リターン》

■１年保有リターン

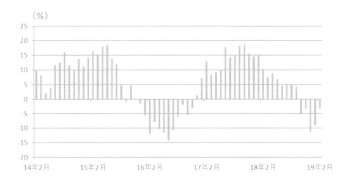

（%）

最大リターン	最少リターン
18.62%	▲ 14.25%
2015/5/29	2016/6/30

　１年だけ投資した時と10年間投資した時の結果を比べてみましょう。国内、海外の株と債券それぞれ４分の１ずつ投資した場合。１年しか投資しないと、一番うまくいった年は18%プラスになりますが、最悪の年は14%マイナスになります。

　ところが、10年保有すると、全てプラスになり、最悪のケースでも年率１%プラスになります。

■10年保有リターン

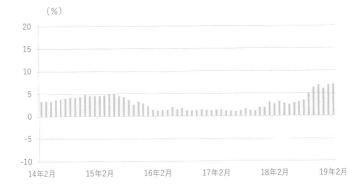

(%)

最大リターン	最少リターン
7.00%	1.06%
2019/2/28	2017/6/30

出所：QUICK

期間：2014年2月末〜2019年2月末

※追加型株式投信（約5800本）を対象としたファンドタイプ毎の指数。ファンドタイプはQUICK独自の分類。

※1年リターンは各月末を基準に1年前からのリターン、10年リターンは各月末を基準に10年前からのリターンを年率換算した値。▲はマイナス。

※4資産均等は、国内債券型、国内株式型、海外債券型、海外株式型に4分の1ずつ均等投資したものとして計算。

ここまでは、一括投資の場合ですが、つみたて投資の場合も見てみましょう。

■4資産つみたての結果

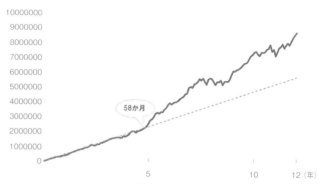

リーマンショックの暴落が来る前の1月から外国、日本の株と債券に毎月1万円ずつ分散投資した結果です。これらは、あくまで過去のデータで未来も同じようになるとは限りませんが、5年以上使わないのであれば、増やすお財布にお金を入れておきましょう。

chapter
04

6

「増やす」お財布を
とにかくいっぱい
仕込む

　ワンコインのつみたて投資も、立派な投資です。もし、立派ななまけものとして、投資していることを忘れているようであれば上出来です。すかさず、次の「増やす」お財布を仕込みましょう。ちょっとマメななまけものさんなら、ポイント投資やおつり投資がいいでしょう。お金の持ち出しが少なく、株や投資信託が買えます。

　マメではないなまけものさんは、最初につみたてたものを増額するか、iDeCo、NISAなど別の「増やす」お財布を作ります。なまけものとしては、できるだけお金がある時に、りんごを増やしておきたいのです。

　なぜなら、**今1000万円ある人よりも、今1000万円ないけど、毎月3万円お金をつみたてて運用できる人の方が、30年後はお金持ちになれるからです。**夫婦なら、毎月1.5万円ずつでいけますね！

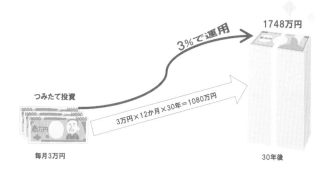

　わたしのお客様は、毎月5万円から10万円くらいを増やすお財布に入れる方が多く、中には50万円、100万円ずつ毎月つみたてる方がいらっしゃいます。ちょっと多めなのは、毎月の収入からつみたてるのではなく、2番目のお財布から、3番目のお財布にお金を移し替えているからなのです。2番目のお財布の定期預金を解約し、証券会社の口座に入れたり、一旦普通預金に入れそこから毎月つみたてます。

　つみたて投資の原理原則がわかると、ずっと増えない「貯める」お財布に入れているお金を「増やす」お財布に早く移したくなりま

　仮に２番目の「貯める」お財布に、５年以上使わないお金が300万円あったとします。一度に投資信託や、ロボアドのお任せ運用に移した方が手間がかからなそうですが、これから絶対に上がる！と確実にわかっている時以外は、わたしはそのご家庭の金融資産と、リスク許容度次第で何回かに分けてお財布を移すか決めてもらっています。

　リスク許容度とは、簡単に言うと、下がった時にどれくらいドキドキするか、です。

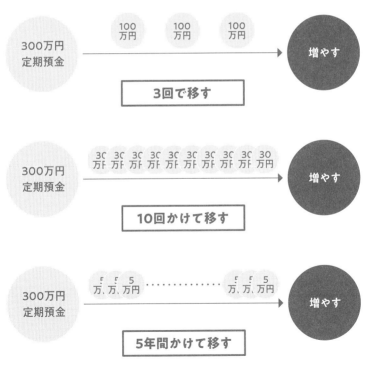

ドキドキが大きい人は、毎月5万円を12か月×5年かけて、移します。5年間あれば、下落も上昇も当然セットでやってきます。それほどドキドキしなくても、安心してりんごの数を増やしていけます。

　退職金などでまとまったお金が入った時も同じように、もし3割〜4割下落したとしても、あまりドキドキしない金額を徐々に移すという方法で、下落のリスクを自分でコントロールできるのです。

　300万円を300か月かかって移すという方法もありますが、300か月というと、ちょうど25年。つまりほとんどのお金が、長い間「貯める」お財布にスタンバイしていて、「増やす」お財布に行けないので、りんごの数がなかなか増えません。

　できるだけ早く、自分のドキドキしない金額で2番目から3番目のお財布に移すようにすると、毎月5万円とか10万円という金額になるのです。

なまけものメモ
眠っているお金を
増えるお金にする。

⑦ 双子では ありません。 NISA と iDeCo

「増やす」お財布にぜひ加えていただきたいのは、NISA(ニーサ) と iDeCo（イデコ）です。これは、アイドルの名前や、流行りの食べ物の名前ではありません。

あるところでセミナーをやった時に、全員が iDeCo を知らないという衝撃的な場面がありました。これからは、もっと親切に、もっと丁寧にお伝えしなくては！　と心に決めたのです。なので、丁寧にお伝えします。

まず、NISA から行きます！

世の中、お金が動くと必ず、税金を持って行かれます。いえ、税金をお納めすることになっています。

・パンを買った時
・お給料をもらった時
・お家を買った時

　みんなお金が動きます。消費税やら、所得税やら、住民税やら、印紙税やら、登録免許税やら、不動産取得税、固定資産税などなど。

　生きていくだけで、税金を納める仕組みになっています。

　貯金のあの微々たる利息も、受け取る前に税金を 20.315% お納めしています。
　もちろん！　投資のもうかったお金も、同じように 20.315% お納めすることになっています。

　つまり、100 万円もうかったら、何と 20 万 3150 円、税金をお納めするのです。

　20 万円あったら、しゃぶしゃぶ用のいい肉がどれくらい買えるか！

　いや、旅行かな。名古屋と東京が、8 往復くらいできます！　それも毎回、世界の山ちゃんで手羽先とビール、味仙で台湾ラーメンとビール、あつた蓬莱軒でひつまぶしとビール、矢場とんでみそかつ丼とビールをつけてもまだおつりがきます！

　とにかく、その本当は払いたくない 20 万円を払わなくていいよ、というのが NISA です。NISA すごいね、太っ腹！　矢場とんに行

けますね！

　正確に言うと、「**一定額までの投資でもうかった分は、税金を納めなくてもいい制度**」です。

　NISA をやりたいと思ったら、全国どこでもできます。

　NISA の別名が「少額投資非課税制度」なので「投資」ができる商品を扱っている金融機関で、NISA 口座を開設することからスタートです。

・証券会社
・銀行
・郵便局
・ろうきん
・信用金庫
・JA バンク
　などなど。

　注意点があります。

　ひとり１つの NISA 口座しか作れません。また、１年に一度他の金融機関に変更することもできるのですが、NISA 口座で買った商品はお引越しできないのです。つまり、始める時にどの金融機関を選ぶかは大事です。

　証券会社とその他の金融機関との大きな違いは、証券会社は株や ETF、REIT、投資信託が買えるのに対し、その他の金融機関は、投資信託しか買えません。将来的に株も買うかもしれないという人

は、証券会社を選ぶといいでしょう。

　NISA には、「一般 NISA」と 2018 年にできた「つみたて NISA」という 2 つの種類があります。これも、どちらか 1 つしか選べません。

	一般NISA	つみたてNISA
投資できる額	年間120万円まで	年間40万円まで
期間	5年	20年
投資方法	一括・つみたて	つみたて
商品	株・投資信託・ETF・REIT （金融機関による）	金融庁が選んだ投資信託 ETF （金融機関による）
メリット	毎月10万円つみたてられる	商品選びがかんたん
デメリット	5年後にもう5年NISAに残すか、普通の口座にいれるか決めなければいけない	ひと月3万3333円までしかつみたてられない

　ひと月のつみたて額 3 万円くらいでいいよ！　という人は、つみたて NISA。金融庁が、長期積立分散投資にふさわしく、手数料が低い商品を選んでいます。毎月 10 万円くらいつみたてたい！　という人は、一般 NISA の方がいいでしょう。

　2024 年から一般 NISA の制度が大きく変わり、新 NISA になります。新 NISA は 2 階建てです。1 階部分は、つみたて NISA のラインナップの商品を 20 万円まで、その上に今までの NISA と同様の物が、102 万円まで買えるようになります。原則 1 階部分を買わないと 2 階部分は買えませんが、1 階部分は上限いっぱいまで買う必要はなく、毎月少額でもいいのでつみたてていればいいということになりそうです。さらに、株を買う時は 1 階部分のつみたてはいらない！

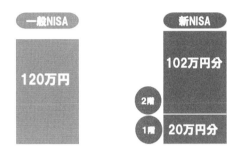

あ〜、今より複雑です。

ただ、どっちを選ぶかは今までと同じで、毎月3万円程度のつみたてなら、つみたて NISA。

ひと月 10 万円までつみたてたい！　株を買いたい！　そんな人は、一般 NISA、新 NISA がいいですね。

一般 NISA もつみたて NISA も年間の上限額は決まっていますが、最低額は決められていません。株価など購入する商品、金融機関の設定する額が最低額となります。

せっかく始めるなら、非課税のメリットをたくさん受けたいので、ワンコインではなく、テンコインくらいからチャレンジしましょう！

続いて iDeCo です。

NISA とよく一緒に登場する iDeCo ですが、iDeCo と NISA は、双子ではなくあかの他人です。

iDeCo の本名は「個人型確定拠出年金」と言います。この長くて

アナウンサー泣かせの名前のせいか、2002年にできたのに、あまり広まりませんでした。そこで、みんなに愛されるよう愛称を募集したところ、iDeCoに決まりました。

　個人型の確定拠出年金の確定って、何を確定するの？
　拠出^{きょしゅつ}って、何か体から悪いものでも取り出すのかしら？　いえいえそれは摘出です。とにかく、漢字が多いのですが、最初と最後をくっつけて「個人型の年金」と覚えましょう。

　iDeCoは、個人型の年金です。おでこではありません。

　なぞの呪文のような言葉を解説すると、確定拠出とは、「**毎月の拠出金を確定します、でももらえる年金は確定してませんよ**」という意味です。
　なぜもらえる年金が決まっていないかというと、運用するからです。運用の結果次第で、年金がいっぱいもらえたり、少なくなったりします。企業年金でもらえる年金が決まっているものは、「確定給付年金」と言います。給付金が決まっているからですね。

　さあ、その運用を自分でするのが、個人型確定拠出年金です。

　iDeCoを始めるには、会社ではやってくれませんから、自分で金融機関に申し込む必要があります。iDeCoの取り扱い金融機関は証券会社だけではありません。銀行、信用金庫、郵便局、ろうきん、JAバンク、一部の生命保険、損害保険会社でも手続きができます。

　また、**ほとんどがインターネットでも申し込むことができます。すでに口座開設をしている金融機関でiDeCoを始める場合も、iDeCo専用の口座が必要ですので、手続きが必要です。**

■節税で定期の利息の１万倍おトク！

　このiDeCoのいいところは、ズバリ！　節税ができるところです。国が「自分で老後のお金をつみたてるあなたは偉いですね！」とごほうびに、税金を安くしてくれるからなんです。なぜ、国は税金を安くしてくれるかというと、貯金ゼロの老人ばかりになったら国は支えきれません。だから、税金を安くしてでも、自分で老後に備えてほしいんですね。

　どれくらい税金が安くなるかというと、年収によって変わります。例えば、毎月5000円、年間６万円つみたてると、普通預金でも、定期預金でも利息は０円です。年収200万円の人が、iDeCoでつみたてると、なんと！　9000円も税金が安くなるのです。

　今どき、毎月5000円つみたてて、「偉いね〜」って9000円もくれる人います？　デパートつみたてだって、ボーナスはつみたて額の１か月分ですよ。iDeCoありがたいわ。

　毎月のつみたて額の上限は、自営業か、会社に企業年金があるか、専業主婦かなどによって変わります。自営業者は掛け金が一番多く

て、ひと月6万8000円です。ひと月6万8000円を、定期預金でつみたてたら、もらえる利息は、年間たった30円です。

　課税所得（売り上げから経費などを引いた額）1000万円の自営業者が、iDeCoでつみたてをすれば、およそ35万円税金が安くなります。定期預金の1万倍以上おトクです！　今どき、毎年35万円くれる気前のいい親戚います？　結婚式でもお葬式でも3万円くらいですよね。結婚式は何回あるかわからないけど、お葬式はひとり一回でしょ。iDeCoほんとにありがたいわ。

　そして、60歳になるまでつみたて投資できる！　というのも、なまけものさんにはぴったり！　iDeCoには、元本保証のものもありますが、NISAと同じで、もうかったところに税金がかからないので、ぜひ、投資信託を選んでください。

　これも「増やす」お財布の1つとなります。利益に税金がかからないなら、いっぱいもうかる物を選んだ方がおトクになります。というわけで、わが家では世界株と日本株を選んでおります。

	iDeCo
投資できる額	年間14万4000円〜81万6000円
期間	今は60歳まで積立
投資方法	一括・つみたて
商品	投資信託・預金・保険 （金融機関による）
メリット	税金が安くなる

　年収が高かったら、毎年35万円も税金がトクする、おいしいiDeCoですが、注意点があります。それは、60歳までお金が下ろせないことです。年金制度ですから、もうかったから今月旅行に行こう！というお金にはできないわけです。

　走り始めたら、60歳までノンストップです。iDeCoは口座管理料などがかかります。金融機関によって違いますが、年間2000円〜7000円程度。途中でつみたてをお休みすることもできるのですが、つみたてをしていない時も、1000円〜6000円ほどかかります。つみたてをしないということは、税金が安くなるというメリットがなくなり、手数料だけ払うことになります。毎月の掛け金は最低5000円まで減らすことができますので、iDeCoを始めるなら、60歳まで5000円払う！　という気持ちでデビューしてください。

　60歳の時点の加入期間によっては、60歳以降の受け取りになることもあります。今は60歳までの加入年齢が、65歳になる予定です。今後の制度改正に注目しましょう。

　全ての会社がiDeCoをやっているかというと、そうではありません。LINEスマート投資のワンコイン投資やおつり投資のトラノコなどはiDeCoの取り扱いがありません。別の会社で始めましょう。

8

わが家の
iDeCoは8%で
約2400万円に！

　わが家ではiDeCoが、「個人型401k」と呼ばれていたころから、つみたてをしています。夫も私も国民年金で、学生時代は保険料を払っていませんし、うっかり払い忘れた月もありました。国民年金はただでさえ少ないのに、どう考えても満額もらえません。国民年金の平均受給額は、およそ5万円ですから、2人で10万円では老後暮らせない〜！　と思って始めたのです。

　掛け金は最初ふたりで8万8000円からスタートし、途中で増やしたり減らしたり、ざっくり計算すると、ひと月9万5000円くらいずつつみたてたことになります。

　なまけものでしたので、ずっとどうなっているかも気にせず、忘れておりましたが、ある日ふと「そういえばうちのiDeCoはどうなっているんだろう？」と気になりました。夫は58歳。今の制度

ではあと1年ちょっとしか、つみたてられないからです。IDとパスワードが書いてあるお手紙を探し…金融機関の名前も変わっていましたが、ドキドキしながら初めてのログイン！

　無事にログインして出てきたのがこの画面です。

おお〜！　なんと、12年間で2人合わせて、1000万円以上増えて、2395万5349円になっていました。投資の教科書通りに資産配分を元に戻す、リバランスも一切せず！（これは自慢できません）　おまけに、夫は自分がつみたてていることさえ、気づかず！（これは成功）　ありがたいことにこんなに増えていました。**老後2000万円問題を一気にクリア**です。さらにつみたてたお金は所得から引けますので、300万円以上節約できたことになります。

　これは、わたしがすごいわけでも、わたしの選んだ投資信託がすごいわけでもなんでもありません。みんなより早く、12年前に始めただけです。12年間同じように、日本株と世界株に投資したら、誰でも同じような結果になったのです。

「何％で運用できたのですか？」と雑誌の取材で聞かれたので調べてみると、およそ8％でした。でもこれは、普通の貯金の金利とは違い、ずっと8％で運用されて、利息がついたわけではありません。途中で下がった時点での利回りは当然悪くなります。

　夫の方はりんごの数がいっぱいになっていますので、いったんここで、株から債券に資産配分を変えました。60歳のお誕生日を迎えたら、いよいよ受け取る時が来るわけです。iDeCoのお金は、一括で受け取る以外に、年金のように受け取ることや、一括と年金と組み合わせることができる金融機関もあります。

　お金が動くときは、もれなく税金をお納めする仕組みでしたよね。でもiDeCoはせっかく貯めた老後のお金です。国が「老後のお金を貯めて偉かったね！」と税金を安くしてくれる仕組みがあります。

　毎年受け取る時も、普通の収入の計算方法ではなく、公的年金を受け取る時と同じように税金を安くしてくれます。

　もし、他に退職金がなければ、一部を一括で受け取り、残りを年金で受け取れば、どちらも税金の割引があります。なまけものさんも60歳前に、一度加入している金融機関のコールセンターに電話して、どんな受け取り方ができるのか聞いてみましょう。

なまけものメモ

**iDeCoは受け取る時だけ、
なまけずに。**

9

iDeCo と NISA どっちを やればいいの？

　税金のメリットがある iDeCo と NISA、どっちから始めようか悩む人が多いですね。現在企業型の確定拠出年金や企業年金をやっている人は、個人型の iDeCo に加入できない人もいます。まずは、会社で iDeCo に加入できるか確認してみましょう。

　iDeCo は、60 歳までノンストップというお話をしました。車でいうなら、アクセルはついているけど、ブレーキはついていない車、そんな感じです。「降ろして〜」と言っても降りられません。定期預金の利息の 1 万倍以上、税金がトクだとしても、お金が手元にないと借金をしなくてはいけません。

　この先のお金がちょっと心配という人は、NISA から始めてください。つみたて NISA で 3 万円つみたてられるようになり、さらに 60 歳まで毎月 5000 円以上つみたてられる！　という自信ができた

時に、iDeCo も始めましょう。

iDeCo

つみたてNISA　20年間

　必ずしも、3万円をつみたて NISA でつみたてられないと、iDeCo デビューできないかというと、そうではありません。20代、30代にとって iDeCo は期間が長いので、3万円くらいつみたて投資できる家計なら、iDeCo デビューしても大丈夫という目安です。

なまけものメモ

どっちか選ぶなら、
つみたてNISA。

⑩

銀行、証券会社、
運用会社、あなたに
向くものは？

　iDeCo、NISA は、どこでも始められます。この「どこでも」というのが悩みます。普通の口座と違って、どちらも、ひとり1口座しか持てないからです。

iDeCo

　証券会社でも、銀行でも投資信託でつみたてをしていきます。金融機関の手数料を比較することも大事ですが、投資信託を保有している時にかかる、信託報酬という手数料の比較も大事です。

　手数料と、信託報酬を比較する信頼できるサイトです。情報がまめにアップデートされるので、わたしもよく利用しています。

■ iDeCo ナビ

https://www.dcnenkin.jp/search/commission.php

■ モーニングスター iDeCo 個人型確定拠出年金ガイド

https://ideco.morningstar.co.jp/compare/compare.html

　iDeCo ナビも、モーニングスターも、各金融機関の商品ごとの手数料などの情報だけでなく、つみたて効果シミュレーションができるようになっています。

■ iDeCo の裏キャラ「がっちり買いましょう！」

　iDeCo には、「投資信託を配分で買う」という、かくれた特徴があります。金融機関によっては、投資信託の最低の購入額が 5000 円というところもあります。となると、5000 円のつみたて額では、1 つの投資信託しか買えません。ところが、iDeCo で 5000 円の予算でつみたてをすると、「はい！　いらっしゃいませ！　何になさいますか？」と 100% になるまで、投資信託を配分指定で買えるのです。

　証券会社のロボアドバイザーが、「君、これなんかいいんじゃなあい？」と薦めてくれた銘柄が何本もあってご予算オーバーで買えなかった時も、iDeCo なら全部買いできます。手数料の低い投資信託であれこれ買ってみたい！　という人は、品ぞろえ豊富な証券会社を選ぶといいでしょう。

　細かく投資信託を選ぶのは苦手！　という人は、最初から全部買

いがパッケージ商品になっている「バランス型ファンド」を買う方法があります。バランス型ファンドを扱っている会社で、信託報酬が安い商品を扱う会社を選ぶといいでしょう。銀行やろうきんは相談して手続きをしたい人に向いています。

《相談して手続きしたい人》
■ イオン銀行
　イオンの中にあるので、銀行に行くというよりお買い物のついでに相談ができます。

■ りそな銀行
　土日も相談できる窓口が、東京と大阪にあります。

■ みずほ銀行
　ロボアドバイザー、SMART FOLIO〈DC〉で、自分にあったバランス型ファンドもしくは、個別のファンドを選び窓口で相談することができます。

■ 労働金庫
　労働組合がろうきんの会員なら、担当職員が職場に来てくれます。

NISA

　一般のNISAは、株も買えます。将来的に株も買うかも！　ということであれば、迷わずネットの証券会社を選びましょう。

《ネット証券で始めたい人》

■ SBI証券

■ 松井証券

■ 楽天証券

■ マネックス証券

《納得して投資したい人》

　銀行や証券会社は聞いたことがあるけど、運用会社というのは聞いたことがないかもしれません。運用会社とは、投資信託を作っている会社です。銀行や証券会社は、運用会社の作った投資信託を売っているわけですね。

　お客様に、直接投資信託を販売している運用会社もあります。直販する会社のことを、「直販系運用会社」「独立系運用会社」と言ったりします。運用会社から直接買うと、運用会社からのお知らせがメールで届いたり、お客様限定セミナーや、運用報告会のご案内が来るので、自分のお金の運用先を身近に感じることができます。

　どの会社も、お客様に長期でつみたてをすることを推奨しています。そのため、銀行、証券会社よりも平均保有年数が長く、利益を出しているお客様の割合が比較的多いのが特徴です。

《運用損益がプラスの顧客比率》

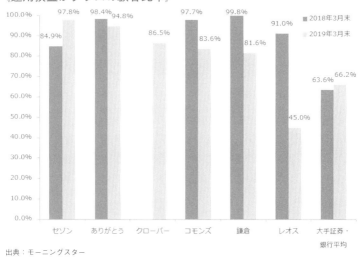

出典：モーニングスター

　独立系運用会社は、社長の顔が見えるのも、投資家としては安心できます。

■レオス・キャピタルワークス
　投資信託：「ひふみ投信」「ひふみワールド」
　ピアノと社交ダンスなど、多趣味なファンドマネージャー、代表取締役社長　藤野英人さん。
　「投資家みたいに生きろ」（ダイヤモンド社）他著書多数。日本、海外の会社を訪問し、主に成長する会社に投資。守りながらふやす運用、顔が見える運用が特徴。投資されたお金がどのように運用されているかが、わかりやすい。

■ セゾン投信

　投資信託：「セゾン・バンガード・グローバルバランスファンド」「セゾン資産形成の達人ファンド」

　積立王子こと代表取締役社長中野晴啓さん。

　全国各地で年間150回以上の講演やセミナーを行い、生活者の将来を手助けするという信念を貫き、資産形成の重要性を熱く伝える。「つみたてNISAはこの8本から選びなさい」(ダイヤモンド社)他著書多数。全国に女性ファン多数。

■ コモンズ投信

　投資信託：「コモンズ30ファンド」「ザ・2020ビジョン」

　骨太な長期投資家。

　代表取締役社長兼最高運用責任者　伊井哲朗さん。

「長期・厳選・守りながら増やす」をモットーに、日々お客様、企業と真摯な対話を続ける社長兼ファンドマネージャー。企業理念を大切にしている。著書に「97.7%の人が儲けている投資の成功法則」など。

　それぞれの会社のホームページには、どういう姿勢で投資信託を作っているか、お客様へのメッセージがわかりやすい言葉で書かれているので、共感できる会社に投資するのが◎です。

　iDeCoもNISAも、投資できる数に上限があります。まずはこの2つの枠をいっぱいまで使って、さらにお気に入りの金融機関で、**ふつうのつみたて投資を上乗せしましょう**。ここまできたら、珍味投資もありです。

11

労働組合があるなら
「ろうきん」に
来てもらおう

　金融機関の窓口って、何かを売られそうでこわいイメージがある人が多いようですが、わたしは大好きなので、昔からなんかいい情報はないかなとよく窓口に相談に行っていました。

　この金融機関なら、こわくない！　という1つに「ろうきん」があります。

　ろうきんとは、労働金庫。「全ては、働く人とその家族のために！」が合言葉で、働く人のための福祉金融機関です。「福祉って言ったってね…」と思っていたのですが、**あまりにも良心的すぎていい意味で商売下手で（失礼！）めんくらう**ことが多々あります。

　たぶん、ろうきんの職員の辞書に「ノルマ」という文字はないと思います。

　労働組合の組合員さんのためなら、たとえ1000円のつみたての
ためでも、山を越え、川を越え、お客様の会社まで出向き手続きを
します。今どき、1000円のつみたてのために、会社まで来てくれ
る金融機関なんて、聞いたことがありません。

　窓口の対応もノルマがないので（きっと支店ごとに目標はあると
思います）、ぎらぎらした押し売りは一切ありません。お人好しす
ぎるくらい正直に、お金のアドバイスをしてくれます。

　実際にわたしがお世話になった、長野ろうきんや中央ろうきんで
も、「お客様の利益が一番、無駄なものを売るのは考えられません」
ときっぱりです。もしあなたが、労働組合に入っていて、「5000円
からiDeCoにしようか、NISAにしようか迷ってるんだけど…」な
んて話を組合の書記さんにしたら、すぐにろうきんの担当の人を呼
んでくれますよ。

　長野ろうきんの方々は特に、お客様思いで熱いです。長野という
長寿県で、昔から教育県とも言われていたまじめさがあるのでしょ
うか。

　ある日、アルプスの少女ハイジのような小柄な職員さんが、自分
たちの売り上げを上げるためではなく、お客様の資産形成のために
ぜひ「りんごのつみたて」の話をしてください！　と、やってきた
ので「いいでしょう、やりましょう」と、クララの声でセミナーを
お引き受けしました。

　地方の支店が開催するセミナーです。10人くらい支店にお客様

を集めるのかしら？　と思っていました。ところが…、

　ハイジは、せっせとりんごのＴシャツを作って、仲間とりんごＴシャツを着て営業にまわり、１万枚のチラシを作って全部お客様に手渡しし、山奥の温泉でセミナーをするのに、とうとう３００人集めました。それも平日なのに！

「すごいわ、ろうきんのハイジ」

　クララもびっくりして、思わず立ち上がりました。

　お客様も初めて聞くつみたて投資の話におどろいたり、納得したり、やる気になったり、とにかく大満足で帰られました。

　そこで、クララは聞いたんですね。

「ねえハイジ、これだけ集客すると、金一封が出たり、やっぱりあなたの査定なんかも上がったりするの」

　ハイジ「いいえ」

「じゃあ、明日から投資信託が売れたとしたら？」

　ハイジ「給料は１円も上がりません」

「iDeCo とか NISA とか口座開設が増えたとしたら？」

ハイジ「給料は１円も上がりません」

「金一封も出ず、査定も変わらず、給料も１円も上がらないのに、よく１万枚もチラシを配れましたね！」

おどろくクララに、ハイジはなんでそんなこと聞くのかな？　という顔をして、

「給料は１円も上がりませんけど、全ては働くみなさまと、そのご家族のためですから」と答えました。

ハイジ〜！

アマチュアバンドや劇団のチラシだって、なかなか１万枚配れないよ。そもそもそれは、自分たちのためだし。

実は、長野ろうきんの職員さんは、こんな方が多いのです。まじめにお客様の資産形成のお役に立ちたい！　というめんどう見のいい職員さんがどの支店も多いので、労働組合の組合員はもちろん、労働組合がなくても働いている人なら、友達に相談するつもりで相談してみてください。

12

りんごが増えたら
要注意

　ここまで、つみたて投資教の教祖のように熱心に、つみたて投資をおすすめしてきましたが、注意しなければならないことがあります。それは、何十年後かにりんごの数が増えた時のお話です。わたしが、あなたの老後まで生きているとは限らないので、お話ししておきます。

　次のページの点線がつみたてたお金、太い線が投資の結果です。

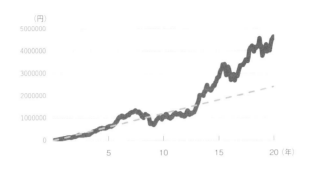

　つみたて投資は、りんごの数をつみたてていく投資法です。投資信託なら口数ということになります。最初のうちはりんごの数が少ないので、値動きが穏やかです。後半に行くにつれ、つみたての結果がガタガタと激しく上下に動いているのがわかりますか？

　投資の結果は、りんごの数×価格でしたね。

　これは、日本株に限らず何に投資しても同じように、最初のうちは穏やかで、りんごの数が増えると、投資の結果が大きく上下します。

　わかりやすく言うと、りんごが1個の時に、100円価格が下落したとしても、100円しか下落しません。ところが、何十年もりんごをつみたてていて、ある日りんごの数が1万個になったとします。1万個のりんごが貯まった時に、100円下落すると、100万円減ってしまうことになります。

 1個×100円＝100円

 1万個×100円＝100万円

　りんごの数が増えると、ちょっとの値動きで投資の結果がガッタンガッタン、大きく増えたり減ったりします。ということは、もしも使おうとしていた時に、大きく値下がりしたら、そこでりんごをたくさん買えたとしても、全体のりんごの量からみたらわずかになるので、回復までは時間がかかるということなのです。

　では、ためしに、ある日経平均の投資信託を暴落させてみます。
　リーマンショックの直前から、つみたてを始めて、いい具合にりんごを爆買いし、いい具合にプラスになったところを半値にしてみました。

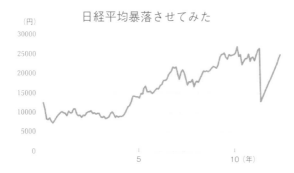

安心してください。シミュレーションです。
　一応、縁起が悪いので、暴落後は毎月上がるシミュレーションです。

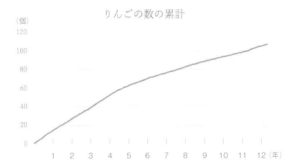

りんごの数の累計

（個）

半値になったら爆買いでしょう！！　と思っているなまけものさん。確かに、爆買いはしますが、暴落時点でのりんごの数は100個です。100個のりんごの中に、0.7個のりんごを足しても、あまり増えた感じがしません。

　りんごの数が増えると、半値になったりんごの価格を数で追いつくのが難しくなります。一瞬で半額になるというのは、オーバーなシミュレーションですが、将来に向かってりんごの数は確実に増えていきますので、りんごが増えた時だけ、暴落に気をつけなきゃ！

と覚えておいてください。

　できることは3つです。

1、りんごの数が増えたら、値動きの少ないものにする
2、暴落しても価格が回復するまでじっくり待つ
3、暴落したら、さらにりんごを買い増す

　3は、なまけものさんには、難易度が高いです。というのも、どこまで暴落するかわからないからです。1、2を決めるには、老後の金融資産や何歳まで働けるかなどが関係してきます。4〜5年分の生活費が手元にあるなら、2でもいいですし、もし投資判断が数年後は心配だなという年齢になっていれば、1を選ぶことになります。

　ちなみに、相続する人がいれば、そのまま暴落した価格で相続できますので、くやしいような、うれしいような感じですが、相続税の評価を下げることができるともいえます。あとは、相続した人がじっくり戻るのを待てばいいというわけです。

目指せ
桐谷さん！

　なまけものの投資法は、増やすお財布をいっぱい仕込んで、あと
は日々のん気にあなたらしく暮らしていれば大丈夫です。つみたて
投資を始めたのをきっかけに、株主優待名人桐谷さんのお話なんか
を聞くと、「わ〜、株主優待ってそんなにおもしろいんだ」と思う
でしょう。

　桐谷さんいわく、わたしは桐谷さんと一緒にコラボセミナーをし
ている回数が一番多いFPだそうです。ありがたい、ありがたい。
　あの爆走自転車とほんわか癒やし系のお顔でおなじみの桐谷さん
も株で大損し、バブル崩壊とリーマンショックの2回、ご本人いわ
く、死にかけました。その時は、値上がりを追求する狩猟型投資法
だったのですが、今は株主優待と配当をねらう、農耕的投資法。桐
谷さんの持っている株は900銘柄ですから、日経平均の4倍の会
社に広く分散投資し、毎日届く食べきれないほどのお米やカニや、

レストランや居酒屋さんの優待券で悠々自適な老後を送っています。

お嫁さんがいないのと、お部屋が散らかっているのが、ご本人のお悩みですが、あれだけ優待が届くから仕方ないですね。おまけに、本当に物を大切にされる方で、カニなんか何年も大事に冷凍庫に入れているとテレビで突っ込まれていました。一緒に食事をしていて、ちょっといいお箸だったりすると持って帰られます。お家で何度か使うからって。

億万長者なんですよ〜。

人も大事にされます。愛知県内でコラボセミナーをした時、新幹線までは時間があるからと、在来線で行くことにしました。電車に乗ってきたお客さんは、東海道線の下り電車に乗ったら桐谷さんがいた！　みたいな状況になり、名古屋駅までの30分間は、ずっと立ったまま乗客のみなさんのサインと記念撮影に応じていました。

きっとあなたも桐谷さんに会えば、投資のイメージと大金持ちのイメージが変わること、間違いなしです。

桐谷さんは、将棋の棋士で「コンピューター桐谷」とよばれていたくらい、頭脳明晰。900銘柄の売買記録を丁寧に毎日ノートに記録し、自分が持っている株の優待品と買値、売値が頭の中に入っているという天才なのですが、ここだけの話、その会社が何をやっているか知りません。さらに、決算書も分析しません！　調べるのは、いい優待をやっているかどうかだけ。

わたしも最初はビックリしました。ビックリして、何度も「ほんとですか？」と聞き返しました。意外ですよね。決算書を見ましょうってどの本にも書いてあるのに。勉強をしてから、投資をしよう！の真逆で、「10万円のご予算で、優待がいいな〜と思う株を2、3買ってみたらいいんですよ」といつもおっしゃいます。

じゃあ、桐谷さんは何を判断に株を買っているのかというと、安くなった時に買う。新しく優待が出た時、配当と合わせて4％以上なら買う。そして、多くの銘柄に分散投資すること！ これだけです。あの大金持ちの、株主優待王桐谷さんが実践しているのは、まさに**900銘柄入っている投資信託みたいなものを自分で作って、毎日つみたて投資しているようなもの**です。それも優待生活のために！

桐谷さんへの道も、最初の一歩から！

コツコツつみたて投資デビューをして、いずれは桐谷さんみたいに億万長者を目指したいですね。

なまけものメモ

桐谷さんは、本当に
株主優待だけで
暮らしている。

第5章

〈Q&A〉
それでもまだ
「投資はこわい」あなたへ

投資のイメージが
悪いです

　セミナーが終わると、できるだけみなさんの質問に個別にお答えする時間を作っています。わたしだったら、お金のお悩みをみんなの前で手を挙げて質問するなんて、恥ずかしくてできないからです。こそっと相談されるものの中で、みなさんに共通する「よくあるご質問」があります。中には投資以前のお悩みもありますが、解決しないとその先の投資にはとても進めないので、丁寧にお答えします。

　これは、女性に多い質問です。投資の三大イメージは、「こわい、元本割れ、ギャンブル」ですが、もうこの本を読んでくださった方たちは、元本割れもこわくない、ギャンブルではない投資法をしっかりご理解いただいていると思います。

「でも、なんとなくイヤなんです」という方がいらっしゃいます。よくよく聞いてみると、働いたお金は尊くても、働かずして手に入れたお金はなんとなく、バツが悪いのだそうです。

なるほど〜。

自分は働かずに、お金だけもうけるイメージって、こんな感じでしょうか。

お父ちゃん「ゴホゴホ、ごめんよ」
おみつ「いいのよ、おとっつぁん。あ！　越後屋さん」
越後屋「返済期限はとうに過ぎている。この金はもらうぞ」
おみつ「そ、それはおとっつぁんの薬代…」

悪代官「そちも悪よのう〜」
越後屋「いえいえお代官様こそ」（一緒にイヤな笑いを浮かべる）

いやな奴らですね。あ〜、おみっちゃんがかわいそう、越後屋や悪代官にはなりたくないわねーって、そうなりますよね。

投資をするっていうことは、悪代官のように、誰かを泣かせてお金をむしり取ることではありません。むしろその逆です。

あるところに働き者のげんさん夫婦がいとなむ、小さなそば屋がありました。おかみさんがある日「おまえさん、このそばに天ぷらを入れちゃあどう？」と提案したところ、爆発的なヒットとなり、店は大繁盛。こんなにもうかるんなら、もっと広い店にしたらいいんじゃないか？　とは思うものの、お金がありません。

そこで、ご隠居が「げんさん、このお金を使いなさい。な〜に出世払いでいいよ」とお金を渡してくれました。げんさんは、店舗を

拡張し、近所の奥さんたちを集めてパートとして雇い、店は大繁盛。ご隠居さんも招待し、自慢の天ぷらそばを食べてもらったら「こんなおいしい物は食べたことがないぞ」と大喜び。げんさんは、もうけたお金で、ご隠居さんにお金を上乗せして返しました。ご隠居さんも、増えたお金で老後安心して暮らしましたとさ、めでたしめでたし。

いい話でしたね。
ここで、登場人物を見てみましょう。

● **げんさん**：お店がもうかって自慢の天ぷらそばを食べてもらえる人が増えて、ハッピー！
● **おかみさん**：提案した天ぷらそばで、お店がもうかって家計も安定してハッピー。
● **ご隠居さん**：使わないお金をげんさんに貸してあげたら、天ぷらそばをごちそうになって、貸したお金が増えて戻ってきてハッピー。
● **近所の奥さん**：空いている時間でパートができてハッピー。
● **町人、商人、お侍さん**：売り切れになってなかなか食べられなかった、天ぷらそばが食べられてハッピー。

みんな WIN WIN です。誰かが誰かを泣かして、お金をぶんどっていますでしょうか？

今の世の中もざっとこんな風に、借金と誰かが投資したお金でできています。どんな企業も、銀行や投資家からお金を借りて、お店を作ったり、工場を建てたりします。そこには、仕事ができるので、

げんさんのお店を手伝った近所の奥さんみたいに、雇用が生まれ、また新しいサービスや商品が生まれます。

　げんさんもご隠居さんに借金しましたね。ご隠居さんだけでなく、もっと多くの人たちに応援してもらいたい！　日本中に「げんさん天ぷらそばの店」を出したい！　と思ったら、株券を発行し、みんなにお金を出してもらうのです。

　ご隠居さんは、げんさんからお礼に天ぷらそばをごちそうになりました。これは株でいうところの株主優待です。こんな風にご隠居さんが、げんさんに貸したお金は、みんなのしあわせにつながっているのです。

　わたしたちの投資も同じです。投資は、誰かの役に立ち、最終的には自分たちが住んでいる世の中が、安心、安全、便利になるように役立てられます。もし、ご隠居さんが、げんさんにお金を貸さず、長屋の金庫にずっと隠していたらどうでしょう？　げんさんのお店の売り上げは頭打ち。近所の奥さんたちがパートで働くこともありませんでした。貯金だけしている、タンス預金だけしているのは、こんな状況と同じで世の中にお金が回らないとなかなか景気がよくならないのです。

　投資をするということは、悪代官になることではなく、安心、安全、便利な未来を作ることなんですね。だから、すごくいいことなんです。

今、損を
しています

　10万円投資をしていて、100円下がっただけでも「損をしている〜」と言う人もいれば、リーマンショックの時に、1000万円が400万円近く下がっても「まあ、そのうち戻るでしょ」と、気にしない人もいます。投資のゴールが今日ならば、100円下がっただけでも残念ですが、投資のゴールが10年以上先なら、それほどドキドキする必要はありません。

　まずは、何に投資をしているかを確認しましょう。その、下がっているものは、何に投資をしているのですか？　と聞いてもわからない人がとっても多いのです。「ドルのなんとか」とか「なんか、増えるやつ」とか「いろいろな物に投資しているもの」とか。よくそんなわからないものに、投資をするな…と思うのですが、投資というと崇高な感じがして、パンフレットもきれいだし、いい感じがしちゃうんですね。ちなみに、上の3つの答えは、うちの母親のセリフです。やれやれ。

　一括投資と、つみたて投資の結果が違うというお話を第2章でしました。日経平均は、1989年の12月29日に、最高値3万8915円を付けて以来、じんわり下がってやっと上がって、2019年の12月30日は2万3656円で終わりました。もし日経平均に一括投資をしていたら、29年間は「損をしている」年末が毎年続いたのです。

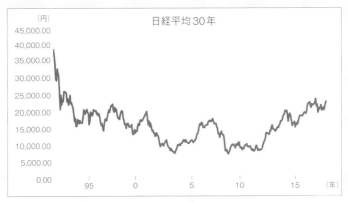

日経平均1989年12月末〜2019年11月末までの30年間

つみたて投資ならいいの？　結果を見てみましょう。

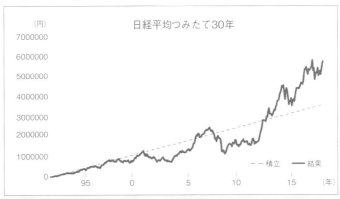

さすがは、われらがつみたて投資！　結果的には、投資額360万円に対して577万469円になっていますので、1.6倍に増えています。利回りでいうと、2.9%です。貯金よりはずいぶんいいですね！

　ただ、2013年までは、ほとんどマイナスという成績でした。それだけ、バブル崩壊の大暴落のインパクトが強く、下落した後ちょっと戻るとプラスになる「戻り」が少なかったということです。

　もし、日本株だけでなく、世界の株も買っていたらどうでしょう？アメリカの株NYダウのチャートです。立派なうなぎのぼりをご覧いただけます。日本がバブル期の最高値を記録した時、NYダウは2753ドルでした。30年後の2019年12月26日は、2万8621.39ドルです。日経平均は、下落から立ち直りやっと半分を超えたところなのに、NYダウは約10倍になっていたということですね。ずっと損が続く場合は、何かに投資先が偏っていないか見てみましょう。もし、何かに偏っていたら、その偏りを直すように別のものを買う。**世界を全部買いする**のが、なまけものの成功の秘訣です。

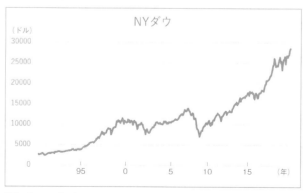

出典：モーニングスター

Q
3

収入が
少ないのですが

　金融資産残高は何でできていると思いますか？　金融資産残高は収入ではなくあなたの習慣で決まります。年収750万円から1000万円の人たちの10世帯のうち1世帯は貯金ゼロです。一方手取り20万円台でもコツコツとお金を貯めて、金融資産1000万円という人もいます。

　500円玉貯金をやっても意味がないと笑う人がいます。500円玉貯金をするか、しないかは額の問題ではなく、貯金という習慣があるかどうかに大きな違いがあります。**500円玉貯金の習慣がある人は、収入が増えてから5000円、1万円と先取貯金ができるようになります。**お金をコツコツ貯めれば、貯金が増えていくことがわかっているからです。

　お金が増えたら貯金しようとか、投資をしようと思っても、お金には羽がついていますから、知らないうちに飛んで行ってしまいま

す。収入が少ないうちから、少額でもいいので「貯める・増やす」という習慣を身につけたいものです。

　貯められない人の「今月はたまたま出費が多いんです」って言いわけを15万8000回くらい聞きました。でもね、1月は帰省にお年玉、2月はバレンタイン、3月は新年度準備に、4月は歓迎会、5月は母の日、6月は父の日、7月は夏休み…。この他に家電が壊れたり、家族の誕生日、冠婚葬祭！　とにかく特別支出は毎月あります。お金は貯めないと、貯まりません。

　そして5年以上使う予定のないお金は、積極的に増やすお財布に入れましょう。それが、ワンコインであったとしても問題ありません。お金がちょっとたくさん入ってきた時に、「わーい！」と喜んで使う前に、投資額を増やしましょう。お金がない時はワンコインずつでも、一回休みをしても大丈夫です。続けることが大事だと思ってください。

なまけものメモ
残高は
あなたの習慣が
数字になったもの。

住宅ローンが
あるのですが

　大きな借金があるのに、投資をするのはどうかと思う。繰上返済をした方がいいのでは？　と考える人は多いですね。住宅ローンの返済が終わってから投資を始めようとすると、りんごを買う期間が短くなってしまい、りんごの数が増やせなくなってしまいます。今は、さいわい**住宅ローンの金利は低いので、繰上返済よりは住宅ローン控除を使って税金を取り戻しつつ、繰上返済するつもりのお金を運用した方がいいですね。**

　繰上返済したお金は、何があっても銀行は戻してくれませんが、手元に置いて運用しておけば、不測の事態があってもそのお金で対応することができます。わが家も、マイホームを買って2年くらいで完済できるお金を貯めたのですが、完済せずにありがたくお借りしておいて、金利交渉などしながら金利を2度も下げていただき、手元のお金は運用していました。

教育費が
かさむのですが

　子どもが大学に行く頃、家計の支出はピークになります。つみたて投資デビューをするのを子どもが大学を卒業してからにすると、りんごの数をつみたてる期間が短くなります。毎月の収支は赤字かもしれませんが、定期預金に貯めてあるお金があれば、5年以内に使うお金をのけておいて、このお金から先につみたて投資デビューしてもらいましょう（第4章参照）。

　子どもが中学生、高校生で、すでに教育費がかさんでいて貯蓄や投資ができない場合は、この先しばらくはお金が貯められない期間が続きます。家庭の中でひとりだけ頑張っても解決しないので、家族に協力してもらい支出を見直します。

　水道光熱費の削減はもちろん、固定費となる、教育費、習い事、住宅ローン、保険料、通信費、全てを見直します。「お金がないん

です〜」と言いつつ、アプリの有料サービスを利用していたり、ついネットショッピングで衝動買いをしていないか、毎月のクレジットカードの明細や、通帳を見て、使っていないのにお金を払っているサービスがないか見てみましょう。

　ムダを見直しただけでは、またお金は知らない間に消えてしまいます。何か他の物に使ってしまう前に、**5年以上使わないお金は、つみたて投資に回しましょう**。

教育費を投資で
増やすのは
ありですか？

　ありです。中学に入る前に、貯金しておいた出産祝いが2倍になったり、子ども保険や学資保険で、お金が増える時代はもう終わりました。お給料も増えないとなると、お金を投資で増やすことも当然視野に入れて考えるべきです。

　デフレ時代でも大学の授業料や、塾の費用など、教育費は値上がりしていました。一般的に、教育費というと、高校生までは毎月の家計からお金を出して、受験料や下宿代、授業料など一番お金がかかる大学入学を目標に300万円から500万円貯めておきましょうというのが、1つの目安です。

　ここで3つのお財布を思い出してください。もし3番目の「増やす」お財布しかなかったとすると、願書を出す直前にリーマンショックのような大暴落が来て、「ごめん、500万円あったけど、300万

円に減ったから、今から国立に行ってくれる？」となってしまう可能性もあります（最初から志望校が国立ならいいかもしれませんが）。そこで、教育費を運用するなら、

1、最低額を貯金や学資保険で用意し上乗せとしてつみたて投資をする
2、半分は貯金、半分をつみたて投資
3、全部つみたて投資

このいずれかの方法になるでしょう。1、2の方法で、もし大暴落が来ても、1、2年の授業料くらいの貯金や保険の満期金があるはずです。もし、4年生までにお金が増えなかったら、引き続きそのお金は運用を続け、家計や貯金から3、4年生の学費を出します。

3は、0歳から中学入学までは値動きに一喜一憂せず放置で大丈夫。中学入学後にいくらお金が増えているかを確認します。その時点で大学入学の教育費をすでに達成していれば、国内債券もしくは、2番目のお財布に入れ定期預金にします。その時点でつみたて投資を終わらせるのではなく、さらに続けていきます。

やってはいけないことは、目標額に届きそうにないからと、貯まったお金を一気に全部投資することです。子どもと同じで、お金も急には大きくなりません。早めにじっくり育てることが大事です。もし、高校生になってから、大学の学費を増やそうとするなら、入学の費用と大学1、2年は貯金から出し、3、4年、大学院、留学費用などを目標に増やしましょう。

Q
7

保険で投資を
するのは
どうですか？

　わが家も、子どもの学資保険は円ですが、それ以外にドルの終身保険で学費を貯めています。万一のことがあった場合の保障プラス、外貨預金よりもお金が増えるのです。それ以外にも、中身が投資信託の変額保険にも加入しています。これも運用先を世界株100%にしているので、結果的には死亡保険金と解約返戻金（解約したら戻ってくるお金）が50万円くらい増えています。

　保険には、貯蓄や投資にはない特徴があります。それは、貯金なら毎月1万円つみたてを始めて1か月後に亡くなったら、家族に残せるのは1万円ですが、保険なら加入後1か月で亡くなったとしても、最初に契約した保険金が家族に渡されるという点です。つまり、貯金は三角、保険は四角でお金を用意できるわけです。

■貯金

貯金1万円×12か月×25年＝300万円

■保険

　貯金と保険の違いがわかったところで、次につみたて投資と運用するタイプの変額保険を比べてみましょう。

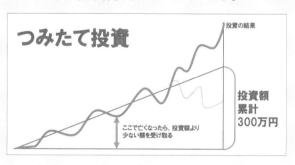

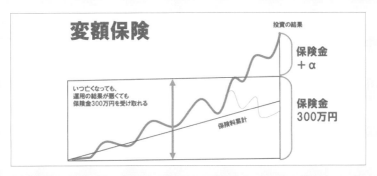

変額保険

投資の結果

保険金
+α

保険金
300万円

いつ亡くなっても、
運用の結果が悪くても
保険金300万円を受け取れる

保険料累計

　元気でいるならば、本当は貯められたはずのお金を、**亡くなった としても家族に用意できるのが保険のいいところです**。投資の場合、成績がマイナスになったところで亡くなれば当然、家族が相続できるのは、投資した金額よりも減ったお金ですが、保険の場合はその時の為替レートや変額保険の運用成績がマイナスであっても、最初に契約した保険金が払われるのもいいところです。

　ただ当然、保険料がそのまま運用に回るわけではありません。死亡保障を買うお金などを差し引いた残りのお金がつみたてられていきますので、保障がいらない人にとっては不利になります。

　また、保険料を払いこんでいる途中で解約すると、払ったお金より解約返戻金（解約すると戻ってくるお金）の方が、少なくなるケースが多いです。保険なんだからと、必要以上に保障を買いすぎて、後で解約や減額（保障を減らすこと）しようと思っても、返ってくる額は減ってしまう可能性が高いので注意が必要です。

　保障が必要な人、相続対策が必要な人にとっては○です。

Q

8

いつ売ったら
いいですか？

使う時に売る！ が基本です。つみたて投資は、長期投資が基本。
2割、3割上がったとしても、そこで使う予定がなければ、売らず
に持っておきましょう。

下がった時も、あわてて売ってはいけません。iDeCo や有期型の
変額保険は、運用できる期間が決まっています。ゴールが近づいた
ら、株の割合を少なくして、債券の割合を多くすることにより、暴
落した時の値下がりを防ぐことができます。

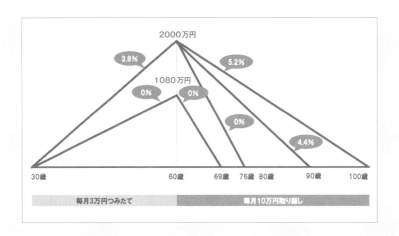

　現役時代に30年間、毎月3万円つみたて、老後は毎月10万円ずつ取り崩す場合。もし、タンス預金なら、1080万円貯まり、老後9年で使い終わることになります。

　仮に、つみたて投資で、3.8%で運用できたら、2000万円になります。60歳で売却し、そのままタンス預金にして使うと、16年でなくなりますが、4.4%で運用できれば、お金の寿命を30年延ばすことができます。100歳までお金の寿命を延ばすには、毎月の取り崩す額を減らすか、5.2%以上で運用することです。

　過去15年のアメリカ株NYダウの平均リターンは6.67%、日経平均は4.93%でした。貯金の金利のように、毎年決まった利息が付くものはありませんが、投資をすれば実現できない利回りではありません。老後もできれば働いている間はつみたて投資をして、退職後もそのまま運用し、残った資産は家族に残せるといいですね。

Q 9

投資は
運ですか？

　人の出会いも人生も、運以外のものってあるでしょうか？　この本を手に取ったのもあなたの運、投資を始めるのも、運です。ただ、投資は運だからと運まかせにして、カンで投資をするのは、危険です。運まかせにするのは、ギャンブル。資産形成をしたいなら、できるだけ、運をよくするように、**長期で、分散して、つみたてていく、つみたて投資をしましょう。**

年	2015	2016	2017	2018	2019
1位 銘柄	国内株式	コモデティ・原油	新興国株式	国内 REIT	コモデティ・原油
年 リターン	9.9%	45%	32.5%	6.7%	34.5%

出典：モーニングスター

ご覧のように、投資の一等賞は毎年違います。運がよければ、あてることができるかもしれませんが、それは、プロでもなかなか難しいので、なまけもの投資の基本、「全部買い」をして、お金が増えるのを待ちましょう。馬券や宝くじで「全部買い」をすると損しますが、投資の全部買いは「損をしにくくする」というメリットがあります。投資は運だからってあきらめないで、全部買いです！

手数料が
気になります

　貯金と違って、投資信託も、ロボアドバイザーに全部おかませの商品も手数料がかかります。それは、あなたの代わりに、ファンドマネージャーがいい会社を足を使って探してくれたり、株や債券を買ったり、資産配分を変えたりしてくれるためのコストです。長期で運用するのが目的のつみたて投資では、このコストをできるだけ小さくした方が、将来的にお金を大きく増やせます。

　ただ、このコストを気にするあまり、中にはコスト比較をずっとしていて、いつまでたってもつみたてが始められない人がいます。投資のサービスはどんどん変わります。後から後からいいサービスが出てきたり、今あるキャンペーンが終わったりしますので、目を皿のようにして毎日見比べていてもきりがないのです。

　それよりは、**なまけもののわたしの代わりにやってくださるコス**

トと割り切って、つみたて投資を始めて、りんごの数を増やした方**がいいのです**。コストがかかっていたとしても、長期で分散投資をすれば、貯金よりお金が増える可能性はうんと高いのですから。

なまけものメモ

**ありがとう。
あなたのおかげで
なまけられます。**

絶対に
売れますか？

　メルカリや、ヤフオク！は、自分の出した商品を誰かが買ってくれないと、売れません。お金が必要な時に、現金化できないのは困りますよね。この本でご紹介した、「つみたて投資」で使う**投資信託や、ロボアドバイザーのおまかせ商品は、オークションのように買ってくれる人を探して物を売るわけではないので売れます**。

　投資信託を売る時は、口数を解約する、もしくは金額を指定して解約します。ここで覚えておきたいポイントが２つあります。１つ目、自分が売った金額は、その時はわかりません。「今日は株が上がっているから売ろう！」と思っても、その基準価額（値段）では売れないということです。基準価額がわかるのは翌日、海外に投資する投資信託は、翌営業日の翌日になります。

　ポイント２つ目。売ったお金が入ってくるのは、売った当日ではありません。４営業日、５営業日後になりますので、土日を挟むと、

1週間後くらいになります。お金を使うために売る時は、1週間程度の余裕をもって売りましょう。

　LINE スマート投資のワンコイン投資や、THEO などのロボアドを使ったおまかせ投資も、売ってすぐにお金が引き出せるわけではありません。お金が必要な時は、何日後に出金できるかも調べておきましょう。一定額を下回ると解約の扱いになったり、出金手数料がかかるケースもあります。

なまけものメモ

お金の出口も
しっかり調べておこう。

Q
12

ばれないように
やるには？

　奥さん（またはダンナさん）にナイショでこっそりへそくりを増やしたい人いますよ〜。

　多くの会社はネットで口座開設の申し込みができるのですが、その後に本人確認のためのお手紙や web のログイン ID などが自宅に送られてきます。間違いなくこの住所にお客様がいると確認するためです。これを奥様が見ると「あら、何かたくらんでるのでは！」とばれて困るというわけですよね。本人確認のお手紙が届かず、スマホで本人確認が完了する、画期的なサービスも続々登場しています。

　LINE スマート投資のワンコイン投資は、スマホで本人確認が完結します。マイナンバーカードか、運転免許証を用意して、自分と本人確認書類の写真をスマホで撮ってアップロードするだけ。お手紙の確認がいらないので、最短で翌営業日に口座開設ができます。

その後のお知らせもメッセージで通知されますから、基本的には紙の書類がお家に来ることはなく、バレずにつみたて投資ができます。

　セゾンカードか、UC カードを持っているなら、カードでつみたて投資ができるサービスのセゾンポケットがおすすめ。セゾンカードの利用明細を確認する「Net アンサー」、UC カードの「アットユーネット」の ID とパスワードがあれば、口座開設する時は、登録済みの個人情報があらかじめ入力されているので、マイナンバー通知カードと運転免許証を用意し、3 分で口座開設の手続きが終了。

　カード登録住所が最新であれば口座開設案内の郵送もなく、最短翌営業日に株や投資信託のつみたてが始められます。年間の特定口座取引報告書も全てネットで完了します。毎月 1000 円から永久不滅ポイントやクレジットカードでのつみたてができるので、気軽に投資にチャレンジできます。

　へそくりをおすすめしているわけではありませんが、口座開設キットがうやうやしく届く時代は過去の物で、**紙さえも届かず投資ができる便利な時代になりました**。となると、万一相続の時に何もないと資産があったことを家族が知る由もないので、それだけは何かに書き留めていただきたいですね。

Q 13

みんな
いくらつみたてて
いますか？

隣の芝生、というかお財布は気になりますよね〜。

LINEスマート投資のワンコイン投資は、毎週500円から投資できるので、最初は500円から始める人が多いようですが、わたしの周りではつみたての結果を見て「あ、意外と増える！」「こんな感じならこわくないわ」と言って、つみたて額を増やしています。

THEOでは、最初に表示されている金額が3万円で、自分で設定を変えないと金額が変えられないので、多くの人が3万円でスタートしているようです。平均つみたて額は2万7800円。

ウェルスナビの平均つみたて額は、3万4000円で、うち2割以上の人が、月5万円以上をつみたてています。

つみたて投資を推奨している、セゾン投信のお客様は、3万

1180円。ファンドマネージャーが、全国の会社を訪ねていい会社を探すひふみ投信は、3万2471円。

　iDeCoも、若い人はとりあえず5000円という最低額で始める人が多いのですが、平均つみたて額は、会社員は1万4352円、上限額が高い自営業者は2万7270円でした。

　おすすめは、毎月の収入からつみたてるなら、手取りの1割〜4割。定期預金から移すなら、5年以上使わないお金を10回くらいに分けて投資すること。どちらも、行けるだけ行っときましょう！行ける時しか、行けないのですから。

なまけものメモ

やれるだけMAXやる。

もう60歳
なのですが
遅いでしょうか？

　サザエさんのお父さん、磯野波平さんは54歳です。放送が始まった1969年の男性の平均寿命は69歳でした。当時は、還暦から棺桶までが、10年もなかったということです。ところが今は、男性の寿命も延び、60歳まで生きた人の平均余命は83.84歳。還暦から棺桶まで約24年もあります。

　波平さんは、あまり老後の心配をしなくてもいいかもしれません。お勤め先、商社ですよね！　退職金もたくさんもらえるでしょう。持ち家で、子どもは3人。フネさんは年下で、女性の方が6年ほど長生きです。同居のサザエさんが介護をしてくれますし、ワカメちゃんも今は9歳ですが、波平さんが69歳になるころは24歳。お嫁に行っていなければ、休日に介護を手伝ってくれることもあるでしょう。

　ところが今は、子どもがいても同居するケースは少なく、子ども

がいないもしくは、独身の割合も増えています。長生きはするけれど、めんどうをみる人がいないとなると、老後の暮らしを支えるお金が必要だということです。

　60歳でまだ元気に働けて、退職金も含めた貯蓄があり、年金も企業年金、厚生年金がしっかりもらえるのなら、老後の暮らしと介護のお金の心配はいらないでしょう。まずは、これらを調べてみます。もし足りないようであれば、まずは長く働くことを検討します。働くことはノーリスクでお金が入ってくるからです。

　老後のお金を考える時、まずは今あるお金を3つに分けてみます。
1．家族に残すお金
2．ライフイベントにかかるお金
3．生活費

　1は、保険に入っていればそれで十分か、それ以外にもお金を残すか、残された家族のことを考えましょう。
　2は、子どもの結婚援助資金、車の買い替え、記念旅行、介護費用などです。

　この中でも、介護にかかるお金だけは、予測が難しいのですが、平均で見てみると自宅のリフォーム、介護ベッド、施設入居一時金など、一時的にかかるお金が平均69万円。施設の入居一時金だけを見ると、1000万円以上かかった人はおよそ半数います。毎月かかるお金は、介護保険の自己負担分と介護用品のレンタル代など、平均7.8万円です。施設なら、ひと月15万円から30万円ほどかかります。平均介護期間は4年7か月です。教育費や住宅ローンと

変わらない額、もしくはそれ以上が、老後にかかることになります。

　3は、毎月の生活費です。年金でまかなえるのであれば、ここはいりません。足らない分があれば、ここから取り崩していきます。

例）退職金＋貯金＝2000万円。
　　夫婦の年金と生活費との差額＝△5万円

1　家族に残すお金。夫婦共に終身保険は300万円あるが、残った方の生活費としてあと200万円くらい用意しておきたい。

2　子どもの援助200万円、車の買い替え200万円、記念旅行は生活費から、介護は在宅を希望8万円×12か月×5年＝480万円

3　70歳まで働くつもりなので、70歳まではいらない。

1、2の合計
200万円＋200万円＋200万円＋480万円×2人＝1560万円

　貯金から引くと
2000万円—1560万円＝440万円

　440万円を70歳から毎月5万円ずつ切り崩すと7年で無くなります。70歳から7年なので、77歳で生活費はなくなることになります。ここで、お金が足りないから投資！　と考える前に、投資をする必要があるかを考えます。

投資をしなくても、家族に残すお金や、子どもの援助、車の買い替えをなくして、終身保険を解約して解約返戻金をもらい、生活費をもう少し節約すれば、介護のお金と長生きした時の生活費はなんとか確保できそうです。

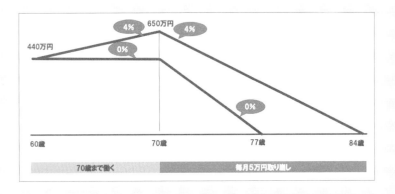

　でも、70歳まで働けないかもしれない、家の修繕費用がかかるかもしれない、やっぱり子どもの援助はしてやりたいし、もう少し元気なうちに旅行も行っておきたい。90歳まで生きることも考えておきたい。と考えるなら、1と2のお金はとっておいて、3の440万円を運用することを検討します。

　70歳までは、増やします。70歳から毎月5万円ずつ「増やし続けながら」使います。仮に4%で運用できたとすると、お金の寿命は84歳まで伸びます。この時点で、子どもの援助と、車の買い替えにお金を使っていても、まだ元気なら2人分の介護費用960万円と、家族に残すお金200万円合わせて1160万円は手元に残っています。介護施設に入るには充分ではないかもしれませんが、大きな不安はなくなるでしょう。

　自分で投資信託を組み合わせ、資産配分を変えて運用することもできますが、なまけものさんには、ロボアドバイザーにおまかせするか、投資信託のバランスファンドを買うことをおすすめします。

　今までは、老後の生活費の補てんに投資信託で分配金があるものを選ぶか、自分で定期的に売却しなければいけませんでしたが、セゾン投信（2020年7月スタート）、楽天証券、SBI証券、SMBC日興証券などの「定期売却サービス」のような、投資信託の決めた金額を、自動で売却してくれるサービスもあります。売却する時も、時間を分散できるのでいつ売ろうか悩まなくてもいいことと、決まった金額や会社によっては口数（つみたてたりんごの数）を指定して取り崩していけるので、とてもいいサービスです。

　人生100年時代に向けた、金融サービスは今後もどんどん出てきます。ぜひお金のアンテナを立てて、最新情報をキャッチしてください。

なまけものメモ

老後もなまけられる
仕組みを使う。

おわりに

　なまけものなら、ごろごろしていたいはずなのに、最後まで読んでくださいましてありがとうございました！

　老後のお金2000万円問題で、たくさんのテレビに出させていただきました。わたしは、みんなが老後のお金をじぶん事として考えるチャンスだ！　と喜んで、あちこちでコメントをしたのですが、残念ながら9割はカットされました（笑）。

　どうしても、節約や、お家に眠っている埋蔵金を探せ！　といったお話の方が、わかりやすいので、そちらが放送されました。ですが、本当に伝えたかったお話は、その人の生き方によって必要なお金は変わること、お金を増やすことの大切さです。

　生放送ならばカットされないわ！　と、意を決してわが家のiDeCoの結果をそのままスタジオに持って行き、これです！　と見せて「こんな風に増えたんですよ」とお話ししました。でも、お伝えできたのはここまでです。放送終了後の楽屋トークでは、なぜ成長する資産である株や、日本だけでなく外国に投資をすべきなのかというお話、りんごのお話もできたのですが、視聴者にはフォローができません。

　う〜ん。なまけものFP、大いに悩みました。お目にかかれる人だけがお金を増やせて、テレビを見て節約だけしていた人は、スズメの涙ほどの利息しか増えないことになってしまいます。そこで、日本中の会えない人にもこのお話を届けられるよう、どうしても本を出したかったのです！

　日本ではお金の話がタブー視されているので、よそのお家や、兄

弟であっても、お金の話はあまりしません。お金のことを自ら調べて知っている人と、知らない人の間には大きな差があります。

　それは、学歴や収入には関係ありません。りんごの絵を描いて、「会社の確定拠出年金、貯金だけではもったいないですよ。あれ、Aさん東大の経済でしたよね？」。そんな話をすることは、しょっちゅうです。東大だから、年収が1000万円あるから、お金に明るいかというとそうではないんですね。

　節約だけのご家庭と、節約＆つみたて投資をするご家庭の子どもたちが大きくなった時、節約家庭の子は「投資＝こわい」と思ってやっぱり投資はしないでしょう。一方、つみたて投資家庭の子は、親から「あんた、LINEでワンコイン投資でもやっときゃ〜よ」と言われて育つので、お給料もつみたて投資するでしょう。この差はどうなるでしょうか。

　日本には、「なんとかしなきゃな〜、投資したいけどな〜」と思っているけど、動けないなまけものが2000万人生息しているそうです。
　なぜ動けないかというと、今までの投資は、難しすぎたのです。勉強も含め、始めるまでに時間がかかって、選ぶことが多すぎるからです。そして何より、投資と聞くだけでネガティブなイメージしか浮かばない、投資アレルギーがあるからです。

　全国でセミナーをして、投資が大嫌いな女性たちが、2時間程度で、投資アレルギーを克服し、目からうろこをボロボロ落とすのを何千人も見てきました。そして、またセミナーに参加してくださっ

て「つみたて投資始めました！　今日は友達と一緒です」とごきげんな顔で、報告してくださる方もたくさんいます。

　ぜひ、この本を読んで、目からうろこが落ちた方は「絶対にドキドキしない誰でもできる投資法」で、投資デビューをなさってください。そして、あなたの大事な人に「りんごの話」をしてください。

　つみたて投資の世界に、りんご泥棒はいない！　と気づいた時、うれしくて、早く誰かに伝えたくて居ても立っても居られなくなりました。大事な人に伝える時も、「りんごは絶対に減らないんだよ」と教えてあげてください。

　この本では、できるだけ簡単に投資を理解していただくために、「リスクとはぶれ幅で、マイナスだけでなく、プラスに動くのもリスク」とか「インデックスとアクティブ」とか「アセットアロケーション」とか「逆相関」とかそういう基本的なことさえ、はぶいています。見出しにそんな用語が出ただけで、なまけものさんたちは本を閉じ、すたこらさっさと逃げることが手に取るようにわかるからです。基本的なことがわからなくても、今の金融機関のサービスや、ロボアドバイザーを使えば、投資デビューは十分できます。

　2000万人のなまけものさんが、ゆるゆるとワンコインで投資を始める姿を想像すると、もう楽しくてワクワクします。そして一斉に願うのです。「下がれ〜下がれ〜、最後にちょっとでいいからぁ〜、上がってね〜」って。おもしろいですね。

2000万分の1のあなたと、あなたの大事な人のお金が増えますよ

うにお祈りしております！

わたしとあなたをつないでくださった、全ての人々に感謝します。

なまけものファイナンシャル・プランナー　山口京子

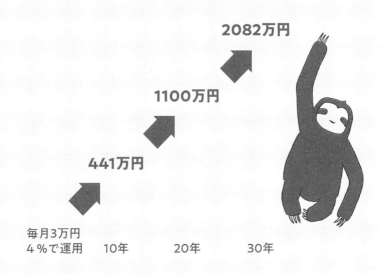

2082万円

1100万円

441万円

毎月3万円
4％で運用　　10年　　　　20年　　　　30年

参考文献
「投資家が「お金」よりも大切にしていること」藤野英人
「積立投資のすべて」星野泰平
「金の世の中」安田善次郎
「初めての人のための資産運用ガイド」内藤忍

※本書は2020年2月14日現在の情報に基づいています。特定の金融商品の推奨や、投資勧誘を意図するも
　のではありません。最終的な投資の判断は、最新の情報を確認し、全てご自身の判断と責任でなさってくだ
　さい。

［著者］

山口京子（やまぐち・きょうこ）

ファイナンシャル・プランナー。金城学院大学卒業後フリーアナウンサーに。お金好きが高じ、ファイナンシャル・プランナー資格を取得。証券外務員と保険募集人資格のほか、宅地建物取引士資格も持ち「くらしとお金の関係」をレベルアップさせるプロフェッショナル。完全顧客主義のアドバイスに定評があり「生ホンネトークバラエティ　バイキング」「情報ライブ　ミヤネ屋」などのテレビ番組に出演。全国のセミナーで、お金を貯める・殖やす楽しさを伝える。投資はこわいと思っていた人が、セミナー終了後、投資デビューしたいと答える割合は、9割以上。ある金融機関主催のセミナーでは、NISA、iDeCoの口座開設が4倍に増えた。『「そろそろお金のこと真剣に考えなきゃ」と思ったら読む本』『お金に泣かされないための100の法則』など著書・監修書多数。

なまけものが得をする
ワンコインつみたて投資術

2020年3月18日　第1刷発行

著　者──山口京子
発行所──ダイヤモンド社
　　　　〒150-8409　東京都渋谷区神宮前6-12-17
　　　　http://www.diamond.co.jp/
　　　　電話／03-5778-7227（編集）　03-5778-7240（販売）

装丁・本文デザイン──別府 拓（Q.design）
DTP────G.B.Design House
イラスト──ぷーたく
校正────鷗来堂
製作進行──ダイヤモンド・グラフィック社
印刷────三松堂
製本────ブックアート
編集担当──亀井史夫

Ⓒ2020 山口京子
ISBN 978-4-478-11041-6
落丁・乱丁本はお手数ですが小社営業局宛にお送りください。送料小社負担にてお取替えいたします。但し、古書店で購入されたものについてはお取替えできません。
無断転載・複製を禁ず
Printed in Japan